초등학생
문해
독서

중급 4호

행복한 논술 편집부 엮음

독서를 지도하시는 분
심층 독서가 필요한 학생을 위한 책!

　잎싹은 닭장에 갇힌 채 병아리가 될 수 없는 무정란만 낳다가 죽을 운명이다. 그런 잎싹이 알을 품어 병아리를 갖고 싶은 꿈을 꾼다. 꿈을 이루려면 닭장을 나와 수탉과 함께 지내야 한다. 주어진 상황만 놓고 보면 이룰 수 없는 꿈이다. 『마당을 나온 암탉』(황선미 지음, 사계절 펴냄)의 줄거리다. 『마당을 나온 암탉』은 꿈이 없는 시대를 사는 어린이들에게 가장 소중한 꿈과 도전, 미래 세대에 대한 책임 의식을 불러일으키려고 다뤘다.

　『문해독서』가 선정한 책들은 신문 기사와 접목해 현실에 바탕을 두고 치밀하면서도 융합적 시각으로 접근했다. 따라서 독서 토론의 새로운 이정표가 될 수 있다. 예를 들어 『흥부전』에서는 노동이 없는 소득에 세금을 많이 부과해야 하는 까닭, 흥부의 다자녀 정신과 노블레스 오블리주 정신이 현대에 필요한 이유, 박을 한 번 타고 그쳤으면 나았을 텐데 마지막 박까지 타서 목숨을 잃을 위기에 빠진 놀부의 투기 심리와 카지노 폐인을 연계한 문제까지 철저하게 경제적 시각에서 조명했다. 1호부터 4호까지 각 호에 들어 있는 12권의 책을 이처럼 융합적 방식으로 읽으면 고전이나 양서를 통해 세상을 보는 지혜의 눈이 뜨일 것이다.

　『문해독서』는 시사논술 월간지 '행복한 논술'이 15년 넘게 개발한 신개념 독서 프로그램이다. 이들 책에는 4차 산업혁명 시대의 초등학생이라면 갖춰야 할 다양한 영역의 배경 지식과 지혜가 담겨 있다. 선정한 책마다 독서의 방향성과 지식의 확장성을 뒷받침할 수 있는 전체 내용 요약 지문과 급별로 7~8개의 심층 질문을 제시했다. 마지막 심층 질문은 시사와 연계해 토론과 논술이 가능하도록 해서, 융합적 사고력과 문제 해결 능력을 키울 수 있다. 한 권의 책을 읽어도 뚫어지게 읽으면서 평생의 자양분으로 삼으면 좋겠다.

행복한 논술 편집부

초등학생 문해독서 중급 4호

차례 보기

과학

1. 『집에서 만나는 알쏭달쏭 흥미로운 과학 이야기 **돋보기 군, 우리 집에서 과학을 찾아줘!**』 07
   생활 곳곳에 숨어 있는 과학을 배워요

2. 『지구에서 절대로 사라지면 안 될 **다섯 가지 생물**』 17
   모든 생물은 서로 의지하며 산다

3. 『미래가 온다 **스마트 시티**』 27
   모두 행복하고 편안한 도시 '스마트 시티'

사회 문화

4. 『우리 역사에 숨어 있는 인권 존중의 씨앗』 37
   고려부터 이어진 인권 존중의 역사 다뤄

5. 『가짜 뉴스를 시작하겠습니다』 47
   가짜 뉴스는 개인과 사회에 해를 끼쳐

6. 『정약용 아저씨의 책 읽는 밥상』 57
   의미 있고 행복하게 살기 위한 선택

7. 『공정 : 내가 케이크를 나눈다면』 67
   누구에게나 성공할 기회 주어져야 공정한 사회

국내문학

8. 『모두 웃는 장례식』 — 77
   할머니의 생전 장례식 통해 가족의 갈등과 화해 그려

9. 『기억을 파는 향기 가게』 — 87
   치매 할머니와 손녀의 따뜻한 사랑 이야기

10. 『별주부전』 — 97
    조선 후기의 무능한 지배층 꼬집어

세계문학

11. 『조커 학교 가기 싫을 때 쓰는 카드』 — 107
    자신에게 주어진 조커를 잘 활용해야

12. 『아름다운 아이 줄리안 이야기』 — 117
    친절이 일으키는 기적

답안과 풀이 — 127

☞ 지침서와 추가 문제는 행복한 논술 홈페이지(www.niefather.com) 자료실에서 내려받으실 수 있습니다.

과학

생활 곳곳에 숨어 있는 과학을 배워요

『집에서 만나는 알쏭달쏭 흥미로운 과학 이야기
돋보기 군, 우리 집에서 과학을 찾아줘!』

우에타니 부부 지음, 더숲 펴냄, 96쪽

줄거리

공이 지면에 닿으면 튀는 까닭은 탄성이라는 힘이 작용하기 때문입니다. 탄산음료의 거품은 음료수에 녹아 있는 이산화탄소이고, 드라이아이스는 이산화탄소를 고체로 만든 것입니다. 전자레인지는 마이크로파의 파장이 음식물의 물 분자와 부딪치게 해서 뜨겁게 만듭니다. 푸른곰팡이처럼 치즈를 만들거나 의약품의 재료인 페니실린으로 쓰일 만큼 유익한 곰팡이도 있습니다. 지폐는 가짜를 방지하기 위해 다양한 기술을 넣어 만들지요. 리모컨과 자동문, 전기난로는 적외선을 이용합니다.

본문 맛보기

공이 튀는 것은 원래 상태로 돌아가려는 탄성 때문

▲공이 튀는 까닭은 원래 모양으로 돌아가려는 탄성이 있기 때문이다.

(가)돋보기 군은 궁금한 점이 있으면 이유를 꼭 찾아봐요. 공이 통통 튀는 까닭을 찾아보았어요. 공이 지면에 닿으면서 모양이 변하면, 고무 부분과 안에 든 공기에 원래 모양으로 돌아가려는 힘이 작용하기 때문이에요. 원래 모양으로 돌아가려는 성질을 탄성이라고 해요. 책받침으로 머리카락을 문지르면, 정전기가 일어난다는 사실도 알았어요. 정전기는 그 자리에 머물러 있는 전기를 말하죠. 성질이 다른 물질을 서로 문지를 때 생깁니다. 이때 한쪽은 양전하, 다른 한쪽은 음전하를 띱니다. (9, 14~17쪽)

탄산음료의 거품은 물에 녹은 이산화탄소

▲탄산음료는 많은 이산화탄소를 녹이려고 압력을 가해 만든다.

(나)이산화탄소는 물에 녹는데, 탄산음료의 거품은 음료수에 녹아 있는 이산화탄소예요. 탄산음료는 많은 이산화탄소를 녹이려고 압력을 가해 만들어요. 그래서 탄산음료의 뚜껑을 열면 병 안의 압력이 줄면서 소리가 나요. 드라이아이스는 이산화탄소를 얼려 고체로 만든 물질이죠. 영하 80도로 매우 차가워요. 드라이아이스는 얼음과 달리 시간이 지나도 물이 생기지 않아요. 주위에 뭉게뭉게 피어나는 연기는 공기 중에 들어 있는 수분이 순식간에 얼면서 얼음이나 물 알갱이로 변한 것이랍니다. (30~31, 36~37쪽)

이런 뜻이에요
양전하 물체가 띠고 있는 양(+)의 전기적 성질.
음전하 물체가 띠고 있는 음(-)의 전기적 성질.

전자파가 음식의 물 분자와 부딪쳐 뜨거워져

(다)전자레인지를 작동하면 마그네트론이라는 진공관에서 눈에 안 보이는 마이크로파가 발생해요. 이 파장이 음식물의 물 분자와 부딪치면서 음식이 뜨거워지죠. 전자레인지 안의 접시가 회전하는 까닭은 마이크로파가 음식에 골고루 부딪칠 수 있게 하기 위함이죠. 내부 벽에는 마이크로파를 잘 반사시키는 소재가

▲전자레인지는 전자파가 조리실 안의 벽에 반사되면서 음식과 부딪쳐 뜨겁게 한다.

붙어 있어요. 냉장고가 차가운 까닭은 냉매가 기체나 액체로 변하면서 냉장고 안을 차갑게 하고, 밖으로 열을 내보내기 때문입니다. 이처럼 액체가 기체로 변할 때 주변에서 빨아들이는 열을 기화열이라고 해요. (40~45쪽)

푸른곰팡이는 페니실린의 원료로도 쓰여

(라)일반 유리와 달리 거울에는 뒷면으로 들어오는 빛이 통과하지 못해 얼굴을 비출 수 있답니다. 거울은 유리와 은, 구리, 도료로 구성되어 있어요. 은은 빛을 반사해 상을 비추고, 구리는 은을 보호하며, 도료는 구리를 보호해요. 곰팡이는 꿉꿉한 공기를 좋아하는 생물로,

▲푸른곰팡이는 치즈를 만들거나 페니실린을 만들 때도 쓰인다.

번식해 많아지면 검게 보여요. 곰팡이는 욕실 타일과 창틀의 고무, 음식물 등에 잘 펴요. 모든 곰팡이가 나쁜 건 아니에요. 푸른곰팡이는 치즈를 만들 때 필요해요. 페니실린이라는 약의 원료이기도 하죠. (54~55, 64~67쪽)

이런 뜻이에요

마이크로파 파장의 길이가 1밀리미터~1미터 사이인 전파. 공기와 유리, 종이 등을 잘 통과하며 금속에 의해 반사되고, 식품이나 물에 흡수되는 성질이 있다.
분자 물질이 가진 성질을 유지할 수 있는 가장 작은 입자.
냉매 저온의 물체에서 열을 빼앗아 고온의 물체에 운반하는 물질. 주위의 온도를 낮춘다.
도료 물체의 표면을 보호하고 아름답게 하는 페인트와 물감 등을 뜻함.
페니실린 최초의 항생제로, 세균 감염을 치료하는 약물.

본문 맛보기

가짜 지폐 방지하려고 다양한 기술 넣어

▲지폐는 가짜를 방지하려고 다양한 기술을 넣어 만든다.

(마)10원은 구리 48퍼센트(100 가운데 48)와 알루미늄 52퍼센트로 이뤄져 있어요. 나머지 동전은 구리에 다른 금속을 섞어 만들어요. 지폐는 노일이라는 면섬유로 만들죠. 노일은 양모나 명주의 섬유에서 빼낸 짧은 부스러기 섬유예요. 돈에는 가짜 지폐를 만들지 못하게 다양한 기술과 아이디어가 들어 있어요. 눈이 불편한 사람을 위해 지폐 앞면 좌우 가장자리에 볼록한 다섯 개의 줄무늬가 있어요. 앞면 왼쪽의 그림이 없는 부분을 빛에 비추면 위인의 초상이 드러나요. (78~79쪽)

리모컨과 자동문, 전기난로는 적외선 사용

▲자동문 위쪽에는 적외선 센서가 달려 있어서 사람이 다가오면 제어 장치에 신호를 보내 문이 열리게 한다.

(바)리모컨으로 TV를 켤 수 있는 까닭은 적외선을 이용해 신호를 보내기 때문이죠. 리모컨 끝에 달린 발광다이오드(LED)에서 적외선 신호가 나와요. 이 신호를 TV에서 받으면 전원이 켜지죠. 신호의 종류가 달라 전자 제품마다 리모컨이 다르답니다. 적외선은 자동문과 난방 기구에서도 쓰입니다. 자동문 위쪽에는 적외선 센서가 달려 있어서 사람이나 물체가 다가오면 제어 장치에 신호를 보내 문을 열도록 하지요. 또 물체를 따뜻하게 만들 수 있어서 전기난로 등에 쓰입니다. (89~91쪽)

이런 뜻이에요

발광다이오드 전류가 흐르면 빛을 내는 조명의 한 종류.

생각이 쑤욱

1 (가)에서 정전기는 어떤 환경에서 생기는지 밝히고, 정전기를 예방할 수 있는 방법도 설명하세요.

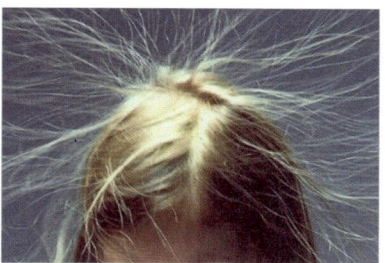

▲정전기는 습도의 영향을 많이 받아 여름에는 적고, 겨울에 많이 생긴다.

2 (나)에서 이산화탄소는 지구 온난화의 주범이지만, 의료와 전자, 화학 등 다양한 분야에서 이용됩니다. 이산화탄소가 일상에서 어떻게 쓰이는지 예를 들어 말해 보세요.

▲소화제에는 이산화탄소가 들어 있는데, 몸속에서 녹으면서 기포가 생겨 소화가 잘 되도록 돕는다.

머리에 쏘옥

정전기를 줄이는 방법

정전기는 물체끼리 마찰할 때 생깁니다. 접촉 순간 한 물체에 있던 전자가 다른 물체로 이동해 전기가 조금씩 저장되지요. 그렇게 저장된 전기가 적정 한도를 넘으면 다른 물체에 닿았을 때 순식간에 불꽃이 튀며 이동합니다. 이것이 정전기 현상입니다. 사람의 몸도 주변의 물체와 접촉이 일어날 때마다 전자를 주고받으면서 정전기가 일어납니다. 생활하면서 정전기 발생을 줄이려면 습도를 50~60퍼센트 수준으로 유지해야 합니다. 그리고 실내의 공기를 자주 바꿔 줘도 정전기 발생을 줄일 수 있습니다.

이산화탄소의 이용

이산화탄소는 물질이 탈 때 발생하는 기체 가운데 하나입니다. 색깔이 없어 눈에 보이지 않고 냄새도 없지요. 또 공기보다 무거워서 모을 수는 있지만, 색깔이 없어서 모은 양을 알기 어려워요. 따라서 수상 치환 방법을 사용합니다. 수상 치환은 물을 가득 채운 집기병을 입구가 아래로 향하게 하여 물속에 넣고, 집기병 안으로 기체를 모으는 방법입니다. 이산화탄소는 실생활에서 이용되는 사례가 많아요. 물질이 타지 못하게 막는 성질이 있기 때문에 소화기를 만들 때 쓰입니다. 냉각제로 쓰이는 드라이아이스, 톡 쏘는 맛이 나는 탄산음료, 속이 메스꺼울 때 먹는 액체 소화제를 만드는 데도 이용되지요.

생각이 쑤욱

3 (다)를 참고해, 전자파의 좋은 점과 나쁜 점을 들어 보세요.

▲휴대용 선풍기를 사용할 때는 30센티미터쯤 떨어지게 해서 사용한다. 전자파가 허용 기준치를 넘는 사례가 있다.

머리에 쏘옥

전자파의 장단점

전자파는 텔레비전, 전자레인지, 전자 오븐, 헤어 드라이기, 컴퓨터, 자동차, 휴대 전화, 휴대용 선풍기 등 여러 전자 제품에서 발생합니다. 특히 휴대 전화를 많이 사용하는 사람에게 좋지 않은 영향을 미쳐서 뇌종양 발병률을 높인다는 연구 결과도 있습니다.

고압 송전선이 있는 마을의 어린이들은 다른 지역에 비해 백혈병 발병률이 두 배에 이르고, 임산부의 기형아 출산율이 높다는 연구 보고도 있습니다.

4 (라)를 참고로, 실생활에서 과학이 어떻게 이용되는지 공부해야 하는 까닭을 제시하세요.

▲청소할 때 락스와 산성 세제를 섞어 쓰면 유독 가스가 생긴다.

> 생각이 쑤욱

5 (마)와 (바)를 참고해, 정부와 기업이 과학 기술을 발전시키기 위해 끊임없이 투자해야 하는 이유를 구체적인 사례를 들어 밝히세요.

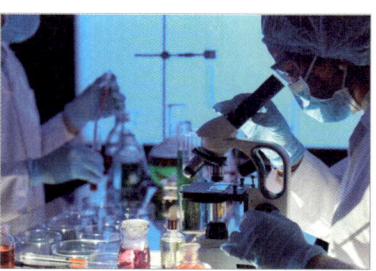

▲2020년 2월, 코로나19의 감염 여부를 6시간 만에 알 수 있는 진단 키트가 국산 기술로 개발돼 170여 개국에 수출되었다.

머리에 쏘옥

과학 기술의 발전은 경제 발전에도 도움

우리나라는 전자 제품과 자동차, 열차 등을 만드는 기술이 뛰어나 관련 제품을 여러 나라에 수출하고 있습니다. 열차의 경우 미국과 캐나다, 인도, 싱가포르, 터키 등 40여 개국에 수출했습니다.

2020년 2월에는 코로나19의 감염 여부를 6시간 만에 알 수 있는 진단 키트를 개발해 170여 개 나라에 수출했지요.

과학 기술의 발전은 이처럼 여러 가지 문제를 해결해 사람들의 삶을 편리하게 해 주며, 국가 경제의 발전에도 도움을 줍니다.

▲우리나라가 수출한 열차가 40여 개 나라에서 운행되고 있다.

생각이 쑥쑥

6 학생들이 어려서부터 과학적 흥미를 느끼게 하려면 과학 교육이 어떤 방식으로 바뀌어야 하는지 아이디어를 내 보세요.

▲실험 중심으로 과학을 가르치면 흥미를 느끼게 된다.

기초 과학은 물론 유전자 공학, 정보통신(IT) 기술 등 과학 기술은 인간의 삶에 큰 영향을 미치고 있다. 따라서 과학을 뺀 생활은 상상하기도 어렵다. 하지만 과학에 대한 막연한 두려움 때문에 과학을 싫어하는 학생이 적지 않은 게 현실이다. 전문가들에 따르면 과학 공부에 대한 두려움을 극복하려면, 직접 만지고 두드려 보는 체험만큼 좋은 방법이 없다.

<신문 기사 참조>

머리에 쏘옥

미래 사회를 대비하는 과학 교육

"과학은 실험을 통해 해결 방안을 찾아내는 수업이어야 한다."

2001년 노벨 물리학상을 받은 미국의 스탠포드대 칼 와이먼(1951~) 교수의 말입니다. 미국은 이러한 과학 수업 덕분에 노벨 물리학상 수상자가 2021년 현재 세계에서 가장 많은 95명이나 나왔습니다.

우리나라는 일부 학교에서만 창의융합형 과학실을 운영하고 있습니다. 창의융합형 과학실에서는 첨단 과학 기술을 활용해 생활의 문제점을 해결하는 방법을 배웁니다.

과학 영재 교육 방식도 지나친 이론 교육 위주에서 벗어나야 합니다. 그리고 연구 내용을 기후나 에너지의 변화, 바이러스의 공격, 인공 지능 등 미래 사회가 해결해야 할 문제로 정해서 동기를 유발해야 합니다. 그래야 기술을 개발하고 연구 방법을 찾아내 미래 사회에 대비할 수 있기 때문입니다.

7 과학 기술의 발전은 생활의 불편함을 개선하려는 생각에서 시작됩니다. 평소 생활할 때 불편함을 느낀 경험을 한 가지만 골라, 그 문제를 해결하기 위한 제품 개발 아이디어를 내 보세요(300~400자).

2020 학생과학발명진흥한마당에서 초등부 과기부 장관상은 제주국제학교 6학년 민석희 학생에게 돌아갔다. 민군은 무인 빨래방을 하는 엄마와 편의점을 하는 할머니가 거미줄 때문에 어려움을 겪는 모습을 봤다. 이에 거미가 싫어하는 향을 이용해 거미줄을 치지 못하게 막는 제품을 개발했다. 중학부 과기부 장관상은 경기도 시흥시 배곧중 2학년 김지민 군이 받았다. 김군은 겨울에 녹색어머니회 활동을 하시는 어머니를 위해 신호등이 녹색으로 바뀌면 차단 장치가 자동으로 내려와 학생들이 안전하게 횡단보도를 건널 수 있도록 하는 등굣길 안전 지킴이를 발명했다.

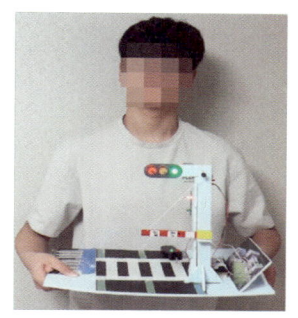

▲중학교부 과기부 장관상을 받은 김지민 군.

<신문 기사 참조>

과학

모든 생물은 서로 의지하며 산다

『지구에서 절대로 사라지면 안 될 **다섯 가지 생물**』

신정민 지음, 풀과바람 펴냄, 120쪽

줄거리

식물 플랑크톤은 광합성을 하면서 신선한 공기를 내뿜지요. 식물 플랑크톤이 늘어나면 그걸 먹고사는 동물 플랑크톤도 늘어납니다. 덕분에 물고기도 먹을 게 넘치지요. 세균이나 바이러스는 죽은 동물과 식물을 분해해 자연으로 돌려보냅니다. 곰팡이는 종이나 헝겊, 비닐, 플라스틱, 심지어 알루미늄까지 먹고 삽니다. 꿀벌은 단물을 모으려고 왔다갔다하면서 몸에 꽃가루를 묻혀 식물의 가루받이를 돕지요. 박쥐는 모기나 파리 등 해충을 잡아먹어요. 영장류는 과일을 먹고 똥을 눠 새로운 식물이 싹 트고 자라도록 합니다.

본문 맛보기

식물 플랑크톤은 신선한 공기 내뿜어

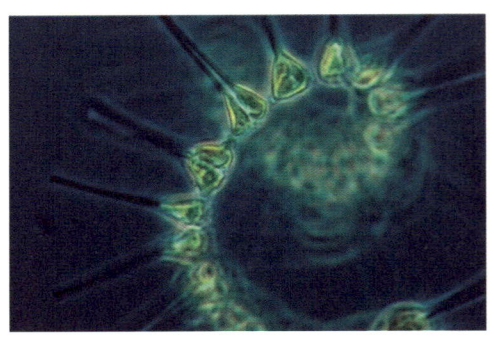

▲식물 플랑크톤은 광합성을 하면서 신선한 공기를 내뿜는다.

(가)식물 플랑크톤은 광합성을 하면서 신선한 공기를 내뿜어요. 식물 플랑크톤은 대다수가 하나의 세포로 이뤄져 있어요. 이 가운데 가장 흔한 게 돌말입니다. 돌말은 덩치가 커지면 몸이 두 쪽으로 나뉘면서 자손이 늘어납니다. 물의 온도가 알맞고, 햇볕이 적당하며, 물속에 영양분이 많으면 식물 플랑크톤의 숫자가 더 빠르게 증가하지요. 돌말은 규조류라고도 해요. 규조류는 죽은 뒤 시간이 오래되면 도자기의 재료가 돼요. 석유나 가스, 시멘트의 원료로 쓰이는 물질이 되는 식물 플랑크톤도 있어요. (13~20쪽)

식물 플랑크톤 많아지면 물고기 떼죽음해

▲식물성 플랑크톤의 일종인 스피룰리나는 영양이 풍부해 미래 식량으로 주목을 받는다.

(나)생활 하수나 폐수 때문에 식물 플랑크톤이 필요 이상으로 늘어나면 물이 걸쭉해져서 물고기들이 숨을 쉴 수 없어요. 이런 플랑크톤을 먹은 조개나 물고기를 사람이 먹으면 병에 걸리거나 목숨을 잃을 수도 있어요. 그런데 바다 어디에나 넘쳐나는 플랑크톤은 훌륭한 먹거리로도 주목을 받고 있어요. 클로렐라와 스피룰리나는 영양이 풍부하며 노화를 방지하고, 갖가지 병을 예방하는 효과까지 있다고 해요. 식물 플랑크톤은 앞으로 세계 인구가 더 늘어나고 식량이 부족해지면 크게 주목을 받을 거예요. (21~30쪽)

이런 뜻이에요

광합성 식물이 빛을 이용해 이산화탄소와 물로 양분(탄수화물)과 산소를 스스로 만드는 과정.
클로렐라 민물에 사는 녹조류의 단세포 생물. 비타민과 무기질 등이 풍부하다.
스피룰리나 남조류의 다세포 생물. 단백질 함유량이 60퍼센트를 넘는다.

본문 맛보기

세균과 바이러스는 쓰레기와 생활 하수 분해

(다)세균이나 바이러스는 지구에 없어서는 안 될 중요한 생물입니다. 죽은 동식물을 분해하여 자연으로 돌아가게 해 주니까요. 땅속으로 스며든 동식물의 사체는 또 다른 동식물이 자라는 데 필요한 양분이 됩니다. 세균과 바이러스는 사람이 버린 온갖 쓰레기와 생활 하수, 공장과 농장에서 나오는 폐수도 분해하여 맑고 깨끗하게 만들어 주는 존재랍니다. 곰팡이는 종이나 헝겊, 비닐, 플라스틱, 심지어 알루미늄까지 먹고살기도 해요. 곰팡이 같은 분해자의 역할은 오늘날 더욱 주목을 받고 있어요. (41, 47쪽)

▲세균과 바이러스는 죽은 동식물을 분해하여 자연으로 돌려보낸다.

벌은 꽃의 가루받이 돕는 데 점점 줄어들어 문제

(라)동물마다 암수가 따로 있는 것처럼 식물의 꽃에는 암술과 수술이 있어요. 식물은 스스로 움직일 수 없기 때문에 바람이나 새, 곤충의 힘을 빌려 가루받이를 합니다. 벌은 식물의 가루받이를 가장 많이 돕는 곤충이에요. 벌은 단물을 모으려고 이 꽃에서 저 꽃으로 바쁘게 왔다갔다하면서 몸에 꽃가루를 묻혀 가루받이를 해 줍니다. 그런데 해마다 벌의 수가 크게 줄어들고 있대요. 과학자들은 농약이나 전자파, 공기 오염, 지구 온난화, 서식지 파괴 등이 벌을 사라지게 만드는 원인이라고 짐작합니다. (64~67쪽)

▲벌은 식물의 가루받이를 도와 열매를 맺도록 한다.

박쥐는 해충 잡아먹는 대신 전염병 옮겨

▲작은갈색박쥐는 한 시간에 600~1000마리의 모기를 잡아먹는다.

(마)박쥐는 파리와 모기를 엄청나게 잡아먹어요. 작은갈색박쥐는 한 시간에 600~1000마리의 모기를 잡아먹는다고 해요. 과일박쥐나 꽃꿀박쥐는 열매나 꽃꿀을 먹으러 다니면서 식물의 가루받이를 돕지요. 박쥐가 싸는 똥은 숲을 풍성하게 만들어요. 똥 속의 씨앗에서 싹이 나와 자라면 식물이 널리 퍼지니까요. 하지만 박쥐의 20퍼센트가 이미 멸종 위기에 처해 있대요. 갖가지 전염병을 옮기는 탓에 사람의 미움을 산 데다, 무분별한 개발이 이뤄졌기 때문이지요. 이젠 박쥐에게 관심을 가져야 해요. (85~86쪽)

지구 위해 할 일 해야 '만물의 영장' 자격 있어

▲인간이 지구를 살리려면 당장 실천할 수 있는 일부터 해야 한다.

(바)영장류는 자기 생김새와 생활 방식대로 살면서 지구를 살리고 있어요. 과일을 먹고 똥을 누면 거기에서 나온 씨앗에서 새로운 식물이 싹 트고 자라지요. 아프리카와 남아메리카, 아시아의 열대 숲은 '지구의 허파'라고 할 수 있어요. 지구에서 발생한 이산화탄소를 흡수하고 맑은 공기를 만들어 내니까요. 인간이 지구를 위하는 길은, 당장 실천할 수 있는 작은 일부터 하나씩 하는 거예요. 지구와 모든 생명에게 보탬이 될 때 비로소 진짜 '만물의 영장' 자격이 있답니다. (107~108쪽)

생각이 쑤욱

1 식물 플랑크톤이 사람에게 어떤 도움을 주는지 정리해 보세요.

▲식물성 플랑크톤이 없으면 사람이 먹는 물고기도 살지 못한다.

머리에 쏘옥

식물 플랑크톤의 두 얼굴

식물 플랑크톤은 강이나 호수, 바다의 해수면 가까이에서 삽니다. 물속에서 이산화탄소를 호흡한 뒤 산소를 만들어 내지요. 대기에 포함된 산소의 70퍼센트를 식물 플랑크톤이 생산한답니다.

그런데 식물 플랑크톤이 너무 많아지면 물이 걸쭉해져서 물고기가 숨을 쉬기 어렵습니다. 특히 붉은 플랑크톤은 대개 독성을 띠기 때문에 물고기가 떼죽음하기도 합니다. 그리고 붉은 플랑크톤은 죽을 때 산소를 많이 소모해서 물속의 모든 생물에 나쁜 영향을 끼칩니다.

따라서 평소 가정에서 생활 하수를 많이 버리지 말고, 공장 폐수는 정화시켜 내보내야 합니다.

2 식물 플랑크톤이 필요 이상으로 늘어나지 않게 하려면 가정에서 어떻게 생활해야 할까요?

▲적조는 육지의 영양분이나 생활 하수 등이 바다로 흘러들어 식물 플랑크톤이 폭발적으로 증가하면서 붉게 보이는 현상을 말한다.

생각이 쑤욱

3 지구상에 세균과 바이러스가 없으면 어떤 문제가 생길지 (다)를 참고해 추측해 보세요.

▲세균과 바이러스가 없으면 동식물의 사체가 썩지 않는다.

4 환경 단체들은 "꿀벌이 사라지면 인류도 4년 안에 멸망할 것."이라고 말합니다. (라)를 참고해 이 말의 의미를 설명하고, 꿀벌을 지킬 수 있는 방법을 제시하세요.

▲도시 양봉도 꿀벌을 지킬 수 있는 방법 가운데 하나다.

머리에 쏘옥

멸종 위기에 놓인 꿀벌

전문가들은 지금 추세라면 2035년엔 꿀벌이 멸종할 수도 있다고 합니다. 이에 따라 나라마다 꿀벌을 지키기 위해 노력하고 있습니다.

유럽연합(EU)은 벼룩잎벌레를 죽이는 살충제가 꿀벌에게 가장 위협이 된다고 보고 있습니다. 그래서 이 살충제의 사용을 금지했습니다. 영국 정부와 시민 단체는 꿀벌을 살리기 위해 전국적으로 야생화 복원 계획을 실천하고 있습니다. 멕시코에서는 2021년 1월 남부 지역에 해바라기 20만 그루를 심고, 벌이 쉴 수 있는 벌집도 마련했습니다. 이 지역은 날씨가 건조해 꿀벌의 식량원이 사라져 해바라기를 심은 것입니다. 해바라기는 아무 데서나 잘 자라고, 꿀도 많답니다.

우리나라도 도심에서 민간 단체가 개인이나 기업과 손잡고 벌을 키우는 중입니다. 서울숲과 한강, 여의도 등에 도시 양봉장을 운영하면서 꿀벌 살리기에 나서고 있지요.

▲유럽연합은 꿀벌을 지키려고 살충제를 쓰지 못하게 했다.

5 (마)를 참고해 오늘날 박쥐 등 동물이 옮기는 감염병이 늘어나는 까닭을 생각해 보세요.

▲자연을 개발해 도시를 건설하면서 살 곳을 잃은 동물과 사람이 접촉할 기회가 늘어났다.

머리에 쏘옥

동물이 옮기는 감염병이 늘어나는 이유

숲이 우거진 환경에서는 사람이 숲속에 사는 동물과 접촉할 기회가 거의 없었지요. 하지만 도시를 건설하고, 도로를 뚫고, 댐을 만드는 등 자연을 개발하면서 동물이 사람과 접촉할 기회가 늘어났습니다. 코로나19도 박쥐가 사람에게 옮긴 감염병으로 추측되며, 에이즈는 원숭이가 사람에게 옮긴 것으로 밝혀졌습니다.

오늘날에는 가축을 비좁은 곳에서 공장화한 형태로 키우기 때문에 감염병이 늘어납니다. 가축을 비좁은 곳에서 키울 경우 운동을 하지 못해 면역력이 떨어지고, 한번 유행하면 집단으로 발병합니다. 또 가축을 다루는 사람들을 통해 전파되기도 합니다.

사람들이 야생 동물을 무분별하게 잡아먹거나 털과 가죽을 이용하는 일이 끊이지 않는 이유도 있습니다.

▲중국에서 파는 박쥐 요리.

6 (바)와 아래 글을 참고해, 인류가 '만물의 영장' 자격을 지키려면 어떻게 행동해야 하는지 말해 보세요.

▲바다가 육지에서 흘러든 쓰레기로 몸살을 앓고 있다.

인간이 만물의 영장인 까닭은 인간만이 도덕적으로 생각하고, 규범을 정한 뒤 그것을 따르는 존재이기 때문이다. 그렇다고 인간이 모든 생물 위에 있다는 생각은 매우 인간 중심적이다. 지구의 입장에서 보면 인간은 해충에 지나지 않는다. 핵실험을 하고, 바다에 쓰레기를 버려 오염시키며, 자연을 마구 개발해 파괴하기 때문이다. 심지어 전쟁을 벌여 지구를 피바다로 만들기도 한다. 인간이 계속 지구를 훼손한다면 코로나19보다 더 독한 감염병이 괴롭힐 것이다.

<신문 기사 참조>

머리에 쏘옥

방사능의 피해

방사능 물질이 든 오염수를 바다로 흘려보낼 경우 바다는 물론 육지의 생태계도 망가집니다. 바닷물이 증발해 비가 되어 내리면 사람이나 동식물 모두 방사능 물질이 포함된 비를 맞지요. 또 그 비를 맞고 자란 농작물을 사람이 먹습니다. 소나 돼지 등 가축도 방사능에 오염된 곡물로 만든 사료를 먹습니다.

2021년 4월 1일 일본 후쿠시마 앞바다에서 잡은 생선에서 기준치의 3배가 넘는 방사성 물질이 나왔다고 합니다. 바다로 흘러든 오염수는 이처럼 물고기도 오염시킵니다.

사람이 방사능에 오염된 가축이나 물고기를 먹으면, 방사능 물질이 몸속에 쌓여 유전자가 변형되고, 갑상선암에 걸릴 가능성이 커집니다. 특히 나이가 어릴수록 유전자가 더 쉽게 손상된다고 합니다.

▲2011년 대지진에 따른 지진해일로 일본 후쿠시마원자력발전소가 폭발했다.

7 아래 글을 읽고, 후쿠시마원자력발전소에 보관 중인 방사능 오염수를 주변국과 상의 없이 바다에 방류하기로 결정한 일본의 잘못을 비판하세요(300~400자).

일본이 2021년 4월 13일 후쿠시마원자력발전소의 방사능 오염수를 2년 뒤부터 바다에 흘려보내기로 결정했다. 이 원자력 발전소는 2011년 3월 지진 해일이 닥쳐 폭발하는 바람에 지금까지 125만 톤(1톤은 1000킬로그램)의 방사능 오염수가 생겨 보관 중이다. 일본은 오염수에 포함된 방사선량을 기준치 이하로 만들어 흘려보낸다는 계획이다. 하지만 방사능 오염수를 방류하면 수산업에 큰 피해를 주고, 바다의 생태계를 파괴해 인류의 생존을 위협할 수 있다. 일본은 우리나라와 중국 등 이웃 나라와 상의 없이 일방적으로 결정해 반발을 사고 있다.

▲후쿠시마원자력발전소에 보관된 방사능 오염수.

<신문 기사 참조>

과학

모두 행복하고 편안한 도시 '스마트 시티'

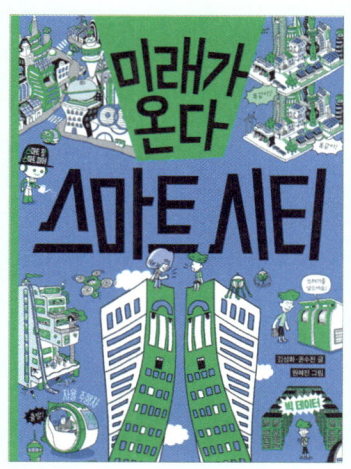

『미래가 온다 스마트 시티』

김성화 외 지음, 와이즈만북스 펴냄, 130쪽

줄거리

스마트 시티 곳곳에는 센서가 안 보이게 설치되어 있습니다. 센서들은 무선 통신망으로 연결되어 서로 정보를 주고받지요. 시민을 행복하고 편안하게 만들어 줍니다. 스마트 학교에서는 사물 인터넷과 인공 지능이 아이들을 위협하는 나쁜 소리를 감지해 왕따를 예방합니다. 스마트 시티 아래에는 거대한 지하 공간이 있습니다. 거기에 수많은 센서를 부착한 뒤 데이터를 전송 받아 살기 좋은 도시로 만듭니다. 하지만 기술이 발전할수록 개인 정보를 빼앗겨 이용당할 위험이 높아지니 스스로 지켜야 합니다.

스마트 시티 곳곳에는 여러 가지 센서 설치

▲스마트 시티 곳곳에는 센서가 설치되어 데이터를 주고받는다.

(가)스마트 시티는 인공 지능과 데이터와 사람이 와글와글한 미래의 도시야. 스마트 시티는 스마트폰보다 똑똑해. 센서는 무언가를 보고 듣고 감지할 수 있어. 센서는 스마트 시티 구석구석에 안 보이게 설치된 조그만 감각 기관이야. 센서들은 서로 무선 통신망으로 연결되어 데이터를 주고받아. 다양한 사물이 초고속 무선 통신망으로 연결된 것을 사물 인터넷이라고 해. 도둑 또는 괴한이 나타나거나 비명이 들리면 가로등의 사물 인터넷 센서가 신호를 포착한 뒤 주변의 경찰차에 즉시 전송하는 거야. (12~35쪽)

시민을 행복하고 편안하게 해 주는 것이 목표

▲스마트 시티에서는 어딘가에 점심을 굶는 아이가 있다면 그곳으로 음식이 배달된다.

(나)스마트 시티의 목표는 시민을 행복하고 편안하게 해 주는 거야. 그래서 스마트 시티에서는 사람과 사물 인터넷이 만들고 모아서 전송한 데이터가 시민과 도시를 위해 쓰이지. 도시 어딘가에 전기가 남거나 모자라면 필요한 곳으로 필요한 시간에 저절로 전기가 보내져. 어딘가에서 점심을 굶는 아이가 있을 경우에도 그곳으로 음식이 배달돼. 난방비가 없어서 겨울에도 얼음 바닥에서 잠을 자는 사람, 아무도 돌봐 주는 사람이 없는 할머니와 할아버지에게도 스마트 시티는 공평한 곳이 될 거야. (49~52쪽)

이런 뜻이에요

인공 지능 인간의 학습, 추론, 지각, 언어 이해 능력 등을 컴퓨터 프로그램으로 실현한 기술.
데이터 컴퓨터가 처리할 수 있는 문자, 숫자, 소리, 그림 형태로 된 정보.

> 본문 맛보기

컴퓨터에 복제 도시 만들어 실험해야

(다)최고의 스마트 시티를 만들려면 복제 도시를 만들어 미리 실험해야 해. 물질 세계를 컴퓨터에 똑같이 복제하는 기술을 디지털 트윈이라고 불러. 도시와 공장, 쓰레기 처리장, 화장실, 비행기, 호텔, 발전소, 우주선, 놀이 공원 등 무엇이나 디지털 트윈을 만들 수 있지. 미래에는 사람마다 하나씩 디지털 트윈을 갖게 될 거야. 네가 태어날 때 컴퓨터에도 너의 복제가 태어나는 것이지. 컴퓨터 속 디지털 트윈 아기에게 너의 모든 유전자 정보가 입력돼. 디지털 트윈으로 건강을 지킬 수도 있어. (56~64쪽)

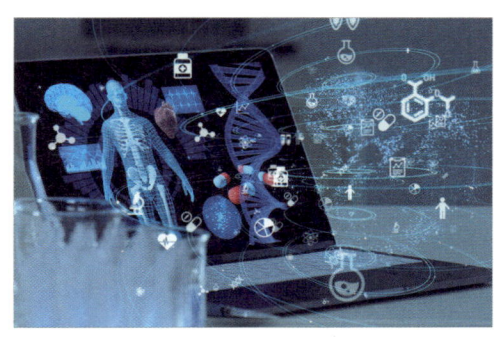
▲스마트 시티에서는 디지털 트윈으로 사람의 생체 데이터를 전송해 질병을 미리 알 수 있다.

인공 지능이 아이들 위협하는 소리 알아내

(라)스마트 학교에는 왕따가 없어. 사물 인터넷과 인공 지능이 아이들을 위협하는 나쁜 소리를 감지해. 스마트 학교에서는 놀면서 전기를 만들 수도 있어. 마룻바닥과 운동장을 쿵쿵 누르면 전기가 생겨. 미끄럼틀을 타고 내려올 때도 전기가 생겨. 엉덩이의 마찰 에너지를 전기 에너지로 바꾸는 거지. 스마트 팜에서는 센서가 온도와 습도 등을 측정하고 인공 지능이 분석해 자동화 시스템과 로봇 팔이 농사를 지어. 로봇 팔이 씨앗을 뿌리고 자동으로 수확하지. 태풍이나 가뭄, 홍수를 당할 염려가 없어. (68~88쪽)

▲스마트 팜에서는 자동화 시스템과 로봇 팔이 농사를 지어 날씨의 영향을 받지 않는다.

> 이런 뜻이에요

자동화 시스템 컴퓨터와 로봇 등에 의해 자동으로 일을 처리하는 시스템.

자율 주행차는 스스로 판단해서 움직여

▲자율 주행차는 보고 듣고 스스로 판단해서 이동하는 인공 지능 로봇이다.

(마)스마트 시티에는 거대한 지하 공간이 있어. 쓰레기가 지나가는 길이 있고, 수도 파이프와 하수도 파이프가 미로처럼 얽혀 있지. 통신 케이블과 전선망도 있어. 거대한 지하 미로에 센서를 수없이 부착한 뒤 데이터를 전송 받아 분석해. 어디가 고장이 났는지, 막힌 곳은 없는지 바로 파악해서 처리해. 스마트 시티에서 자율 주행차는 보고 듣고 스스로 판단해 움직이는 인공 지능 로봇이야. 인공 지능이 교통 상황을 판단해 실시간으로 자동차마다 교통 정보를 전송하기 때문에 교통 체증이 없어. (98~108쪽)

개인 스스로 자기 정보 지키기 위해 노력해야

▲스마트 시티에서는 개인 스스로 자기 정보를 지키기 위해 노력해야 한다.

(바)기술이 발전할수록 걱정도 생겨. 사물 인터넷이 너를 훔쳐보고, 너에 관한 정보를 모아서 어딘가에 제공할지도 몰라. 로봇 청소기는 청소를 하면서 사진을 찍어 도둑에게 전송할 수도 있어. 그러니까 지금 무슨 일이 일어나는지 알려면 열심히 공부하며 정신을 차려야 해. 과학자들은 꿈꿔. 기술을 보이지 않게 숨기고, 사람은 시간을 더 유용하게 보내고 더 즐겁게 일하는 세상을 말이야. 아이와 어른이 함께 멋진 아이디어로 도시와 지구를 바꾸는 세상이 되었으면 좋겠어. (112~126쪽)

생각이 쏘옥

1 (가)~(라)에서 말하는 스마트 시티의 특징을 한 문장으로 각각 요약하세요.

	특징
(가)	
(나)	
(다)	
(라)	

머리에 쏘옥

디지털 트윈의 장단점

개인의 디지털 트윈이 생기면, 데이터를 분석해 몸에 이상이 있을 때 미리 찾아내 치료할 수 있습니다. 이미 병이 생겨 치료할 때도 디지털 트윈을 통해 해당 환자에게 어떤 치료가 좋은지 알아보고, 맞춤 치료를 할 수 있습니다.

하지만 데이터를 많이 사용하는 만큼 오작동 확률이 있습니다. 사람을 디지털 트윈으로 만드는 비용도 비쌉니다. 누군가 다른 사람의 생체 정보를 해킹해 범죄에 악용할 수도 있습니다.

2 (다)에서 나의 디지털 트윈이 생길 경우, 장단점을 들어 보세요.

▲나의 디지털 트윈 정보가 해킹을 당하면 범죄에 악용될 수도 있다.

생각이 쑤욱

3 스마트 시티에서 자동으로 해결될 수 있는 학교 문제와 사회 문제를 아는 대로 이야기해 보세요.

▲스마트 시티는 센서들을 이용해 범죄를 예방한다.

4 스마트 시티가 세계적으로 자리를 잡으면 식량 문제와 지구 온난화 문제를 한꺼번에 해결할 수 있는 이유를 대 보세요.

▲스마트 시티에서는 땅이 없어도 건물에서 농사를 지을 수 있다.

머리에 쏘옥

식량난과 온난화 걱정 없어

스마트 시티에서는 땅이 없어도 건물에서 농사를 지을 수 있습니다. 따라서 날씨나 기후에 영향을 받지 않고 1년 내내 원하는 작물을 재배해 식량을 생산할 수 있습니다.

인공 지능 기술을 이용해 작물 재배에 가장 적합한 환경을 만들어 주기 때문에, 맛도 좋고 영양도 풍부하며 생산량도 많습니다. 인공 지능 로봇이 스스로 알아서 농사를 지으므로 일손도 거의 필요하지 않습니다.

스마트 시티는 아이들이 학교 교실이나 운동장, 놀이터에서 뛰놀 때 생기는 운동 에너지로 전기를 만들어 화석 연료가 적게 쓰입니다. 도시 어딘가에 전기가 남거나 모자라면 필요한 곳에 저절로 보내지지요. 에너지 낭비가 없다는 말입니다.

교통 체증이 없어 에너지가 추가로 들어가지도 않습니다. 땅에서 농사를 지을 때 생기는 온실가스도 생기지 않습니다. 그만큼 지구 온난화의 걱정을 덜 수 있는 것이죠.

생각이 쑤욱

5 스마트 시티에서 자동차가 모두 자율 주행차로 바뀌면 어떤 점이 좋을지 아는 대로 말해 보세요.

▲자율 주행차 시대가 오면 노인이나 어린이도 운전 면허증이 없이 운전이 가능하다.

머리에 쏘옥

자율 주행차의 좋은 점

자동차가 모두 자율 주행차로 바뀌면 교통 혼잡 비용이 사라지고, 교통 사고도 줄어듭니다. 자율 주행차는 앞차와의 간격이 일정하게 유지되기 때문에 브레이크를 급하게 밟을 일이 없습니다. 인공 지능이 실시간으로 교통 상황을 파악하고 자동차마다 교통 정보를 전송합니다.

어린이나 장애인, 노인 등 교통 약자도 사라집니다. 자율 주행차는 목적지만 정하면 스스로 알아서 움직이므로 운전 면허증이 필요 없습니다. 그리고 힘이 약하거나 장애가 있어도 운전이 가능합니다.

▲자율 주행차는 인공 지능이 앞차와의 간격을 스스로 유지하므로 사고 위험이 거의 없다.

6 (바)에서 스마트 시티에서 생길 수 있는 개인 정보 유출 경로와 문제점을 지적하고, 개인과 국가가 이 문제를 해결하기 위해 어떻게 대책을 세워야 할지 제시하세요.

▲개인의 정보를 암호화하면 해킹의 위험을 막을 수 있다.

머리에 쏘옥

스마트 시티의 문제점

스마트 시티의 센서 정보는 얼마든지 해킹당할 수 있지요. 센서와 데이터를 관리하는 사람이 개인 정보를 빼내 팔 수도 있습니다. 센서가 오작동할 가능성도 있지요.

스마트 원격 검침기가 해킹을 당하면, 실시간 전력 사용량의 정보를 누군가에게 보낼 수 있습니다. 그러면 집을 비웠는지 파악해 범죄의 대상으로 삼을 수 있지요.

개인 정보를 보호하려면 관련 업무를 볼 책임자를 두어야 합니다. 그래서 법에 어긋나지 않는 방법으로 개인 정보를 수집하고, 목적 외에 이용하지 못하도록 막아야 합니다. 개인 정보를 암호화하고 다른 사람의 접근을 통제하는 것도 하나의 방법입니다. 개인은 자신의 개인 정보가 유출되지 않도록 노력합니다. 또 비밀 번호나 아이디를 수시로 바꿉니다.

▲스마트 시티는 정보를 해킹당할 위험이 있다.

7 내가 미래 세대를 위해 스마트 시티를 설계한다면, 어떤 점에 더 신경 쓸 것이며, 그 이유는 무엇인지도 설명하세요(300~400자).

서울시 양천구는 탄소 중립 실현과 기후 위기에 대비하려고 2021년부터 10년 동안 '제로 에너지 공원 사업'을 추진한다. 이 사업의 목표는 양천구에 있는 126개 모든 공원에 태양과 바람, 지열 등의 신재생 에너지를 생산할 수 있는 설비를 만드는 것이다. 그리고 사물 인터넷 기술을 이용해 통합 관리한다. 이렇게 되면 에너지 비용을 줄이고, 친환경 에너지를 공급해 친환경 도시를 만들 수 있다.

<신문 기사 참조>

▲서울시 양천구는 전국 최초로 에너지를 자급하는 친환경 공원을 만든다.

사회 문화

고려부터 이어진 인권 존중의 역사 다뤄

『우리 역사에 숨어 있는 인권 존중의 씨앗』

김영주 외 지음, 북멘토 펴냄, 160쪽

줄거리

조선 시대의 세종대왕은 굶어 죽는 백성이 없도록 진제장을 만들어 음식을 나눠 주었다. 장영실처럼 능력이 뛰어난 노비들에게는 관리가 될 수 있는 기회도 주었다. 고려 시대에는 부모를 잃은 아이들에게 곡식을 나눠 주고, 열 살이 안 된 고아는 관청에서 맡아 키웠다. 가난한 백성을 무료로 치료해 주는 병원인 동서대비원도 운영했다. 효도를 강조해 경제적으로 여유가 있으면서도 부모를 봉양하지 않는 자식에게는 큰 벌을 내렸다. 사형수의 경우 재판을 세 번 받을 수 있도록 삼복제를 실시해 생명을 귀하게 여겼다.

본문 맛보기

흉년에는 진제장에서 굶는 백성 밥 지어 먹여

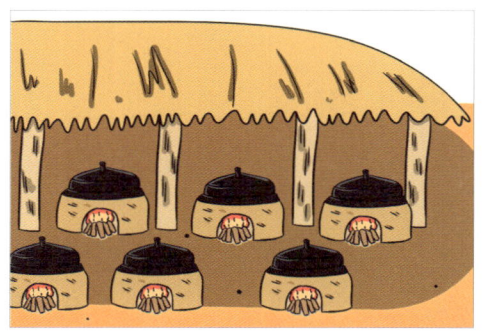

▲가난한 백성은 진제장에 가서 음식을 받아먹을 수 있었다.

(가)연두는 엄마와 둘이 산다. 엄마는 오랫동안 굶어 몸이 쇠약해져 있다. 연두는 친구 순덕이와 먹을 것을 구하러 돌아다녔다. 둘은 관아 앞에서 수십 개의 가마솥에 밥을 짓는데, 많은 사람이 줄을 선 모습을 보았다. 진제장 때문이었다. 진제장은 세종대왕(재위 1418~50)이 흉년이 들었을 때 굶어 죽는 사람이 없도록 만든 곳이었다. 진제장에 가면 아침저녁으로 음식을 받아먹을 수 있었다. 진제장 근처에서 굶어 죽는 사람이 나오면 관리들에게 중벌을 내렸다. 많은 사람을 구한 관리에겐 큰 상을 주었다. (12~23쪽)

노비들에게도 관리가 될 수 있는 기회 줘

▲장영실은 관노인데도 세종대왕 덕분에 관리가 될 수 있었다.

(나)지성이는 교서관에서 잔심부름을 했다. 지성이는 책을 좋아해 교서관이 천국과도 같았다. 지성이가 책을 정리하는 모습을 보고, 한 관리가 교서관의 관리가 되면 좋겠다고 했다. 지성이는 노비인 자신이 관리가 될 수 있다는 말이 믿기지 않았다. 관리는 장영실(1390~?)도 부산 동래의 관노였다고 말해 주었다. 장영실은 손재주가 남달라 어렸을 적부터 관아에서 쓰는 물건을 수리했다고 말해 주었다. 세종대왕은 능력이 뛰어난 노비들에게도 관리가 될 수 있는 기회를 주었다. 사람을 존중할 줄 알았기 때문이다. (48~57쪽)

이런 뜻이에요

관아 옛날에 관리들이 나랏일을 보던 건물.
교서관 조선 시대 유교에 관련된 책을 만들어 관리하던 관청.
장영실 세종 때 관노 출신 과학자. 우리나라에서 최초로 자동 물시계인 자격루를 만들었다.
관노 관아에 딸린 남자 노비.

본문 맛보기

성종은 부모 잃은 어린이 보호 제도 만들어

(다)갑순이가 사는 마을에 몽골군이 쳐들어와 먹을 것을 다 훔쳐갔다. 젊은 사람도 남녀 가리지 않고 죄다 끌어갔다. 갑순이의 아버지는 전쟁터에서 목숨을 잃었고, 엄마는 전염병에 걸려 세상을 떠났다. 고려 시대에는 이처럼 외적의 침입이나 전염병 등으로 한꺼번에 많은 사람이 다치거나 죽는 일이 흔했다. 그래서 부모를 잃은 아이가 많았다. 고려의 왕 성종(재위 981~997)은 부모가 없는 아이들에게 관청에서 곡식을 나눠 주도록 했다. 열 살이 되지 않은 고아들은 관청에서 데려다 키웠다. (66~77쪽)

▲성종은 부모를 잃은 아이들을 관청에서 맡아 키우도록 했다.

가난한 사람 치료하려고 동서대비원 세워

(라)덕이 아버지는 간밤에 열이 올라 한숨도 못 잤다. 덕이는 의원을 찾아갔다. 의원은 행색이 초라한 덕이를 훑어보고는 눈을 찡그렸다. 하인이 덕이를 문밖으로 쫓아 버렸다. 그러면서 동서대비원에 가 보라고 알려 주었다. 동서대비원은 집안이 가난해 치료를 받지 못하는 사람을 도우려고 나라에서 만든 곳이었다. 혜민국도 고려 시대의 무료 의료 기관이었다. 그런데 혜민국은 치료보다는 무료로 약을 나누어 주고, 전염병이 더 번지지 않도록 막는 일을 했다. (106~119쪽)

▲동서대비원은 가난한 환자들을 치료하려고 나라에서 만든 병원이었다.

이런 뜻이에요

몽골군 몽골의 군대. 몽골은 13세기 초 칭기즈 칸이 현재 몽골 지역을 통일한 뒤에 세운 나라이다.
행색 겉으로 드러나는 차림이나 태도.

고려는 부모 부양하지 않으면 큰 벌 내려

▲고려는 일흔이 넘은 어른을 모시면 군역을 면제했다.

(마)길상이 아버지는 아직 군대에 가지 않았다. 길상이는 할머니가 많이 편찮으신데 아버지가 군대에 가면 큰일난다고 생각했다. 그래서 아버지 대신 군대에 갔다. 부사는 새로 생긴 법을 알려 주었다. 일흔이 넘은 어른을 부양하는 사람에게는 군역을 면제한다는 것이었다. 고려는 효도를 강조하는 나라였다. 재산이 없다고 속여 부모나 조부모를 모시지 않으면 큰 벌을 내렸다. 부모가 돌아가셨는데 유흥을 즐겨도 벌을 받았다. 관청이나 궁궐에서는 노인을 불러 잔치를 열어 주었다. (126~137쪽)

신중하고 공정하게 재판하려고 삼복제 도입

▲고려 때는 사형수의 경우 신분이 낮아도 세 번까지 재판을 받을 수 있었다.

(바)원진이는 도령을 죽였다는 누명을 썼다. 삼복제가 없었다면 다음 날 극형을 받았을지도 몰랐다. 당시에는 원진이처럼 신분이 낮은 사람은 제대로 된 판결을 받기 어려웠다. 그래서 고려의 문종(재위 1046~83)은 공정한 재판을 위해 삼복제와 삼원신수법을 만들었다. 삼원신수법은 죄수를 조사할 때 공정하게 하려고 3명 이상의 형관이 참여하도록 한 제도였다. 삼복제는 조선 시대를 거쳐 지금도 유지되는데, 재판이 올바르지 못하다고 생각하면 누구든지 세 번까지 재판을 받을 수 있다. (144~157쪽)

이런 뜻이에요

부사 고려와 조선 시대 지방의 으뜸 벼슬.
군역 고대부터 조선 말기까지 16세 이상~60세 이하의 양인 남자가 군대에 가야 하는 의무.
유흥 흥겹게 놂.
삼복제 사형수의 경우 반드시 3번 재판을 거치도록 한 제도.
형관 고려 시대에 법률이나 소송 등의 일을 맡아보던 관리.

생각이 쑤욱

1 인권이란 무엇인지 예를 들어 이야기해 보세요.

▲버스의 문턱을 낮춰 장애인도 휠체어를 타고 이동할 수 있게 했다.

2 (가)의 진제장이 오늘날 어떤 모습으로 존재하는지 말해 보세요.

▲정부나 사회 복지 단체에서 어려운 이웃을 위해 무료로 도시락을 배달하는 사업을 한다.

머리에 쏘옥

인권의 개념

인권이란 사람이면 누구나 당연히 누려야 하는 기본적인 권리를 말해요. 인권은 인종, 장애, 학벌 등과 상관없이 보장을 받아야 하지요.

외국인 노동자의 좋지 않은 주거 환경과 의료 서비스 문제를 개선하는 일도 여기에 해당합니다. 장애인들의 이동권을 보장하기 위해 버스의 문턱을 낮추는 일도 인권에 속합니다. 회사에서 직원을 뽑을 때 학벌에 상관없이 능력 있는 사람을 뽑는 일도 인권을 존중하는 일입니다.

오늘날의 진제장

우리나라에는 정부나 사회 복지 단체 등이 운영하는 무료 급식소가 있습니다. 이곳에서는 노숙자 등 형편이 어려운 사람이면 누구에게나 식사를 제공하지요.

보호자가 없거나 사정이 어려워 굶는 아이들에게는 도시락을 배달하거나 급식 카드를 주는 제도도 있습니다. 방학 때는 학교 급식을 먹지 못해서 끼니를 거르는 학생들이 있기 때문에 마련했지요.

3 (나)처럼 오늘날 신분 제도가 존재한다면 우리 경제가 어떻게 되었을지 추측해 보세요.

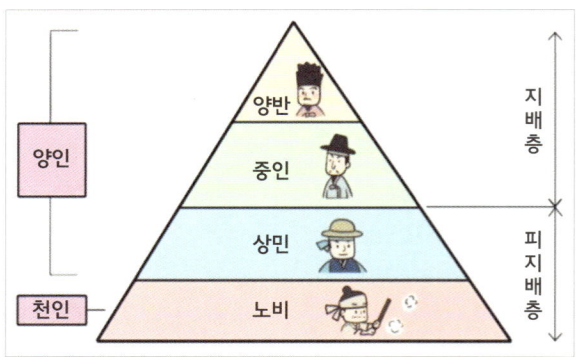

▲조선 시대에는 신분 제도가 엄격해 노비 등 피지배층은 재주가 뛰어나도 나라를 위해 일하기 어려웠다.

4 (다)~(라)를 참고해, 국가에서 가난한 사람들을 무료로 치료하고 약을 나눠 주지 않으면 일어날 수 있는 문제점을 코로나19의 예를 들어 설명하세요.

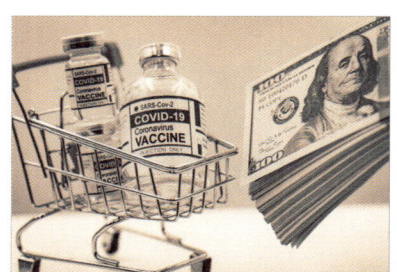

▲부자들만 코로나19 예방 접종을 할 수 있다면, 감염병을 막을 수 없어 나라 전체가 혼란에 빠진다.

조선 시대의 신분 제도와 문제점

조선 시대는 양반, 중인, 상민, 노비 등 신분 제도가 있었어요. 태어날 때부터 신분이 정해지기 때문에, 부모가 노비면 태어난 아이도 노비가 되었지요. 한 번 정해진 신분은 벗어나기 어려웠습니다. 따라서 노비는 아무리 재주가 뛰어나도 나라를 위해 일할 기회가 주어지지 않았죠.

오늘날에도 신분 제도가 유지되었다면 국가의 경제 발전을 기대하기 어려웠을 것입니다. 노비가 아무리 좋은 기술을 개발해도 주인이 혜택을 독차지해 개발 의욕이 사라지기 때문이지요.

의료비 비싸면 감염병 막기 어려워

우리나라는 건강 보험 제도를 통해 돈이 없어 치료하지 못하는 사람이 생기지 않도록 하지요.

비싼 의료비를 환자와 가족에게 모두 부담시키면 가난한 사람들은 치료를 포기해야 하므로 고통을 당하게 됩니다. 그래서 국가에서 의료비를 부담합니다.

코로나19의 예방 접종을 무료로 한 까닭도 모든 국민에게 같은 의료 혜택을 주기 위함이지요. 예방 접종 비용이 비싸면, 백신 접종을 포기하는 사람이 생기므로 감염병을 막을 수도 없습니다.

생각이 쑤욱

5 현대처럼 노인 복지가 잘 갖춰진 핵가족 시대에 효도란 무엇인지 생각해 보세요.

☞ 식량이 부족하고 대가족제였던 과거에, 효도란 주로 부모와 조부모를 모시고 살며 생계를 책임지는 일이었습니다.

▲효도란 부모님의 마음과 몸을 편안하게 해 드리는 일이다. 어린이가 집안일을 돕는 것도 효도다.

머리에 쏘옥

핵가족 시대의 효도

효도란 부모의 마음과 몸을 편안하게 해 드리는 일입니다.

그렇다고 부모와 함께 사는 방법만이 답은 아닙니다. 핵가족 시대에는 가족 모두 바빠 부모님을 집에서 모시기 어렵습니다. 그래서 부모님을 노인 돌봄 시설에 모시고 자주 연락하거나 주말에 찾아뵙는 등 옛날과 다른 방식으로 효도를 하기도 합니다.

어린이는 집안일을 돕고 건강하게 지내는 것도 효도입니다. 스스로 공부하고 준비물을 챙겨도 부모님의 걱정을 끼쳐 드리지 않는 일이지요.

▲핵가족 시대에는 부모님을 돌봄 시설에 모시더라도 자주 연락하거나 찾아뵈면 효도다.

생각이 쏘옥

6 (바)를 참고해 3심제의 뜻과, 과학이 발달한 오늘날에도 3심제를 실시하는 이유를 대 보세요.

▲3심제는 같은 사건을 놓고 세 번의 심판을 받을 수 있도록 한 제도이다.

머리에 쏘옥

3심제도

3심제는 같은 사건을 놓고 세 번의 심판을 받을 수 있도록 한 제도입니다. 1심 판결은 지방 법원, 2심은 고등 법원, 최종 판결은 대법원에서 맡습니다.

재판을 받는 사람이 1심 판결을 받아들일 수 없을 경우 2심을 청구할 수 있습니다. 이처럼 상급 법원에 하급 법원의 재판 결과를 취소 또는 변경해 달라고 하는 일을 상소라고 합니다.

3심제를 운영하면 억울한 사람이 다시 재판을 받을 수 있는 기회가 생깁니다. 법원도 잘못된 판결을 스스로 바로잡을 수 있고, 재판을 신중하게 하게 됩니다. 결국 국민의 권리와 이익을 보호하려고 마련한 제도입니다.

생각이 쑤욱

7 나라에 가난한 사람을 위한 복지 제도가 없으면 어떤 문제가 생길지 밝히고, (라)의 덕이처럼 복지 제도를 몰라 혜택을 받지 못하는 사람들에게 그 방법을 알려 주세요 (300~400자).

서울 성동구 왕십리동에 사는 A씨(61세)는 이가 모두 빠지고 집에 주방이 없다. 그래서 컵라면만 먹는 탓에 건강이 나빠졌다. 돈이 없어 난방비와 전기료, 의료보험비도 내지 못했다. 그러다 목뼈에 문제가 생겼지만 병원 진료를 받기 어려웠다. 그런데 이웃인 B씨(64세)가 A씨의 어려움을 알고 '위기 가구 신고' 제도를 통해 주민 센터에 도움을 청했다. 신고를 받은 동의 주민 센터 담당자는 즉시 가정을 방문해 A씨의 상황을 살폈다. 그리고 구청과 주민 센터는 A씨를 국민기초생활수급자로 지정해 달라고 신청한 뒤, 긴급 복지 대상자로 선정해 생활비를 지원했다.

▲위기 가구는 구청이나 주민 센터를 찾으면 도움을 받을 수 있다.

<신문 기사 참조>

※ 국민기초생활수급자 국가에서 생활이 어려운 사람들에게 생계비와 주거비, 교육비, 의료비를 제공해 기본적 생활을 보장하는 국민기초생활보장제도의 혜택을 받는 사람.
※ 긴급 복지 대상자 갑작스럽게 닥친 위기로 생계가 어려워져 일정 기간 정부의 생계비 지원을 받는 사람.

> 사회 문화

가짜 뉴스는 개인과 사회에 해를 끼쳐

『가짜 뉴스를 시작하겠습니다』

김경옥 지음, 내일을여는책 펴냄, 140쪽

> 줄거리

주디는 학교에서 일어난 일을 뉴스 영상으로 만들어 인터넷에 올립니다. 그런데 태식이가 숙제를 안 해서 선생님께 혼난 일도 방송합니다. 해미의 생일 케익에서 나온 이물질을 보고, 그 케익이 진미네 빵집에서 만든 케익이라고 오해할 수 있는 내용의 노래도 만들어 방송에서 부릅니다. 그 뒤 주디의 뉴스에 거짓말을 보태서 만든 가짜 동영상 뉴스가 퍼집니다. 주디는 인기를 얻으려고 했던 가짜 뉴스 방송이 친구들의 마음을 다치게 하고, 누군가에 손해를 끼친다는 사실을 깨닫고 나서 용기를 내 사과합니다.

| 본문 맛보기 |

인기 끌려고 학교에서 일어난 일 영상으로 올려

▲주디는 친구들에게 인기를 얻고 싶다. 그래서 학교에서 일어난 일을 영상으로 만들어 인터넷에 올렸다.

(가)주디는 진미를 질투한다. 진미가 반에서 중심 인물이 된 것 같고, 자기는 아웃사이더처럼 느껴졌기 때문이다. 주디는 인터넷을 검색하다가, 남수가 올린 동영상을 보았다. 마침 엄마가 주디의 방에 들어왔다가 남수의 방송을 보셨다. 엄마는 주디에게도 직접 뉴스를 만들어 방송해 보라고 하셨다. 주디는 학교에서 일어난 일을 뉴스로 전하는 영상을 만들기로 했다. 주디는 자기도 방송을 해서 인기를 얻으리라고 다짐했다. 주디가 올린 영상은 아이들의 학교 생활이 궁금했던 엄마들에게 인기가 더 좋았다. (9~17쪽)

헤어 스타일 소개하면서 진미의 머리 모양 헐뜯어

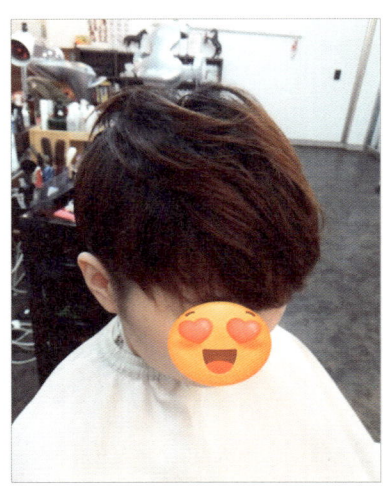

▲주디는 여자 친구들의 헤어 스타일을 소개하면서 진미를 겨냥해 '왕초 같은 머리'를 했다고 헐뜯었다.

(나)주디는 자리 배치 결과를 전하기도 하고, 여자 친구들의 헤어 스타일을 소개하는 영상도 올렸다. 그런데 이 영상에서 "머리를 싹둑 잘라 누구처럼 왕초 같은 머리를 하면 좋지 않다."라는 말도 했다. 커트 머리를 한 진미를 겨냥한 뉴스였다. 방송을 마치자 주디 곁으로 아이들이 몰려들기 시작했다. 그런데 몇 번 방송을 하고 나니 다음엔 무엇을 방송할지 아이디어가 떠오르지 않았다. 10회 정도 방송을 마치자 구독자 수는 늘었지만, 반 아이들의 관심은 조금씩 줄기 시작했다. (22~32쪽)

| 이런 뜻이에요 |

왕초 거지의 우두머리를 속되게 이르는 말.

또와 분식집 슬러시 먹은 뒤 병원 갔다고 거짓말

(다)태식이는 주디에게 자기가 숙제를 안 해서 선생님께 혼난 일까지 전한 것은 명예 훼손이라며 경고했다. 하울이는 '또와 분식집'의 위생을 의심하는 주디의 방송을 보고, 건물이 허름해 지저분한 것처럼 보이는 것이지 음식이 더러운 건 아니라고 말했다. 주디는 거기서 파는 슬러시를 먹고 배탈이 나서 응급실에 갔다고 거짓말까지 했다. 며칠 뒤 진미는 주디에게 정확한 사실만 뉴스로 전했으면 좋겠다고 했다. 주디는 인기를 얻고 싶어 뉴스를 시작했는데, 아이들에게 나쁜 인상을 준 것 같아 속상했다. (33~58쪽)

▲주디는 친구들에게 '또와 분식집'에서 파는 슬러시를 먹고 배탈이 나서 응급실에 갔다고 거짓말을 했다.

진미네 빵집 케익에서 이물질 나온 것처럼 방송

(라)주디는 유치원 때 친구인 해미의 생일 파티에 갔다가 케익에서 이물질이 나온 것을 보았다. 주디는 그 케익을 진미네 빵집에서 샀다고 오해할 수 있는 내용이 담긴 노래를 만들어 방송에서 불렀다. 사람들은 그 빵집이 진미네 빵집이 아닌지 의심하기 시작했다. 주디는 마음이 점점 불편해졌다. 진미는 그런 소문이 나돌자 단톡방에 '주디 뉴스 가짜 뉴스'라는 말을 써 놓은 뒤 방에서 나가 버렸다. 빵집에 대한 소문은 동네 전체로 퍼졌다. 그 소문은 점점 사실로 굳어 갔다. (69~80쪽)

▲주디가 진미네 빵집 케익에서 이물질이 나온 것처럼 방송하자, 가짜 뉴스가 진짜인 것처럼 온 동네에 퍼졌다.

이런 뜻이에요

슬러시 잘게 부순 얼음에 과즙, 우유, 설탕 등을 섞어 만든 아이스크림의 한 종류.

본문 맛보기

가짜 뉴스가 더 큰 가짜 뉴스 낳아 사이 나빠져

▲진미를 골탕 먹이려고 만든 주디의 가짜 뉴스는 더 큰 가짜 뉴스를 낳아 온 동네에 퍼졌다.

(마)주디의 뉴스를 가지고 만든 가짜 동영상 뉴스가 퍼졌다. 생일 파티에 간 아이들이 발톱이 들어간 시커먼 초코빵을 먹고 모두 복통을 일으켜 병원에 입원했으며, 엄마들은 고발을 준비한다는 내용이었다. 진미가 주디를 노려보며 "거짓말쟁이에, 허언증 환자."라고 쏘아붙였다. 그러자 반 아이들이 모두 진미와 주디 곁으로 몰려와 에워쌌다. 주디는 생일 파티 때 손톱같이 딱딱한 물질이 나온 건 사실이라고 했다. 그리고 그 빵집이 어디인지 말할 수는 없지만, 진미네 빵집은 절대 아니라고 밝혔다. (86~96쪽)

용기를 내서 자신의 잘못을 진심으로 사과

▲주디는 자신의 가짜 뉴스 때문에 진미네 빵집에 밀가루를 대 주는 아저씨가 어려움을 겪는다는 사실을 알았다.

(바)주디 엄마는 직거래 장터에 갔다가 밀농사를 지어서 진미네 빵집에 밀가루를 파는 아저씨를 만났다. 아저씨는 진미네 빵집이 문을 닫을까 봐 걱정했다. 하울이와 송미는 케익에서 무언가가 발견된 사실과 진미네 빵집이 좋은 재료만 사용하는 것을 확인했다. 그리고 아이들에게 사실을 알려 주어 진미네 빵집에 대한 오해를 풀어 주었다. 주디는 지금이 아니면 아이들에게 용서를 구할 기회를 잃을 것 같아 용기를 냈다. 그리고 진미가 부러워 일부러 진미네 빵집인 것처럼 말했다고 사과했다. (109~124쪽)

이런 뜻이에요
허언증 엉뚱한 공상을 현실이라고 믿으며 헛된 말을 하는 정신병 증상.

생각이 쑤욱

1 주디처럼 개인 방송을 하는 사람이 늘어날 경우 사회 전체에 어떤 점이 좋을까요?

▲개인 방송을 하는 사람이 늘어나면 다양한 주제의 뉴스를 빨리 접할 수 있다.

2 (나)에서 주디는 여자 친구들의 헤어 스타일을 소개하면서 개인적으로 진미를 시기하는 말을 했어요. 방송인으로서 잘못한 점을 지적해 보세요.

▲개인 방송 운영자는 공정하고 객관적인 정보를 내보내야 한다.

머리에 쏘옥

방송의 공정성과 객관성

개인 방송이 늘어나면서 다양한 주제의 뉴스를 빠르게 접할 수 있게 되었어요.

그런데 방송에서는 개인적으로 누군가를 모함하거나 가짜 뉴스를 진짜인 것처럼 전하면 안 됩니다.

방송은 여러 사람에게 동시에 전달되기 때문에 상대가 회복하기 어려운 마음의 상처를 받게 됩니다.

따라서 개인 방송 운영자는 공정하고 객관적인 정보를 내보내야 합니다. 공정한 정보란 한쪽으로 치우치지 않는 정보를 말합니다. 한쪽을 편드는 정보를 내보내면 사회에 갈등을 일으킵니다. 객관적인 정보는 사실을 그대로 전하는 정보를 말해요. 확인되지 않은 사실을 진짜인 것처럼 보도하거나 헛소문을 퍼뜨리면 여러 사람에게 피해를 줄 수 있습니다. 그리고 사람들의 판단을 흐리게 하고 잘못된 여론을 만들 수 있습니다.

3 (다)에서 주디처럼 인기만 끌려고 1인 방송을 할 경우 어떤 문제점이 생길지 구체적인 사례를 들어 이야기해 보세요.

▲성장기에 '먹방'을 하면 건강을 해칠 수 있다.

4 (라)에서 진미는 주디의 가짜 뉴스에 '주디 뉴스 가짜 뉴스'라는 말만 남긴 뒤 단톡방에서 나가 버립니다. 내가 진미의 입장이라면 주디의 가짜 뉴스를 바로잡기 위해 어떻게 했을지 말해 보세요.

가짜 뉴스 대처법

진미가 주디의 가짜 뉴스를 바로잡으려면 단톡방을 나가지 말고 주디에게 영상에 나오는 내용이 가짜 뉴스라는 사실을 밝히도록 설득해야 했습니다. 그리고 그 영상이 더 퍼지기 전에 빨리 내리도록 하고, 가짜 뉴스였다고 정정하는 영상을 올리도록 해야 했습니다.

유튜브 등에 올린 가짜 뉴스를 막으려면, 가짜 뉴스가 있는 영상에 들어가서 댓글에 그 영상의 내용이 가짜 뉴스임을 근거를 들어 밝혀야 합니다. 댓글을 단 뒤에는 '싫어요'를 클릭합니다. 그렇게 되면 유튜브 알고리즘이 그 영상을 나쁜 콘텐츠로 인식해 해당 영상이 인기 영상에 오를 수 없습니다.

진실을 알리는 영상을 만들어 가짜 뉴스에 맞서도 됩니다. 가짜 뉴스신고센터나 경찰에 신고하는 방법도 있습니다.

▲가짜 뉴스를 막으려면 경찰에 신고하는 등 적극적으로 대응해야 한다.

생각이 쑤욱

5 가짜 뉴스가 일으키는 피해를 개인, 사회, 정치로 나눠 각각 구체적인 사례를 들어 설명하세요.

영역	피해 사례
개인	
사회	
정치	

머리에 쏘옥

가짜 뉴스가 일으키는 피해

가짜 뉴스는 터무니없는 내용이지만 인터넷을 통해 빠르게 퍼져 사람들이 사실처럼 믿게 되는 경우가 많아요.

개인이 가짜 뉴스의 대상이 되면, 명예가 훼손되어 마음의 상처를 받고 경제적인 피해도 생깁니다.

사회는 가짜 뉴스가 넘쳐날 때 어떤 게 진실인지 몰라 혼란에 빠져요. 인터넷에 올린 거짓 코로나 19 치료법을 본 사람들이 그대로 했다가 해를 입기도 합니다.

정치인도 가짜 뉴스 때문에 피해를 봅니다. 후보자들은 선거에서 이기기 위해 상대에 관련된 가짜 뉴스를 퍼뜨립니다. 그러면 상대도 가짜 뉴스를 만들지요. 이렇게 되면 투표를 해야 하는 유권자들이 혼란에 빠집니다.

▲가짜 뉴스가 늘면 사회가 혼란에 빠진다.

| 생각이 쑤욱 |

6 다른 사람의 인터넷 게시물이나 동영상을 사실 확인도 없이 마구 퍼 나르거나 가짜 정보를 보태서 게시할 경우 경제적으로 어떤 피해가 생기는지 말해 보세요.

▲가짜 뉴스 때문에 진미네 빵집과 그 빵집에 밀가루를 파는 아저씨처럼 엉뚱한 피해자가 나올 수 있다.

머리에 쏘옥

가짜 뉴스가 일으키는 피해

인터넷에 가짜 정보를 올리는 사람이 늘어나고 있어요. 예를 들어 유튜버가 물건을 협찬 받아서 하는 광고인데도 아닌 척하고 품질을 좋게 홍보해서 소비자들에게 사도록 하는 거지요.

물건을 산 가게에 개인적으로 나쁜 감정을 가지고 진짜 정보와 가짜 정보를 섞어 내보내 가게에 손해를 끼치는 일도 있습니다. 이렇게 되면 장사가 안 되어 그 가게가 문을 닫거나, 누군가 일자리를 잃을 수 있습니다. 가게가 문을 닫으면 그 가게에 물건을 공급하던 사람들도 피해를 봅니다.

▲인터넷에 가짜 정보를 올리면 경제적 피해가 생긴다.

7 가짜 뉴스의 문제점을 들고, 초등학생 입장에서 가짜 뉴스에 속지 않으려면 어떤 노력을 해야 할지 말해 보세요(300~400자).

초등학생이 가짜 뉴스를 접하는 일이 적지 않다. 스마트폰 사용이 늘어났기 때문이다. 초등학생은 판단 능력이 부족하기 때문에 가짜 뉴스를 진실로 믿기 쉽다. 가짜 뉴스에 속지 않으려면 인터넷에서 접하거나 퍼 나르는 정보가 사실인지 확인하는 습관을 들여야 한다. 뉴스가 사실인지 아닌지 알 수 있는 능력도 길러야 한다. 전문가들은 다양한 분야의 독서와 신문 읽기를 권한다. 그리고 정보를 검색해 비교해 보라고 조언한다.

<신문 기사 참조>

▲가짜 뉴스를 사실로 믿는 초등학생이 적지 않다.

사회 문화

의미 있고 행복하게 살기 위한 선택

『정약용 아저씨의 책 읽는 밥상』

김선희 지음, 주니어김영사 펴냄, 184쪽

줄거리

　준서의 엄마는 준서 일등 만들기를 위해서만 살았습니다. 준서의 부모님은 이렇게 사는 것이 옳은지 생각할 시간을 갖기 위해 여행을 떠났습니다. 다산 아저씨가 준서를 돌보러 왔습니다. 아저씨는 준서에게 남을 나처럼 아끼라는 말을 했습니다. 그리고 독서를 통해 얻는 지식은 문제를 현명하게 해결하는 데 쓰라고 했습니다. 여행에서 돌아온 아빠는 요리를, 엄마는 사진을 배웁니다. 그리고 준서는 스스로 학습 계획을 세워 일등을 하기 위한 공부가 아니라 진짜 공부를 합니다. 준서네 가족은 각자 주어진 시간을 의미 있고 행복하게 보냅니다.

본문 맛보기

엄마는 준서의 특목고 입학이 목표

▲엄마는 준서를 특목고에 보내기 위해 일요일에도 학원에 보냈다.

(가)엄마는 준서가 다른 아이들보다 총명하다고 생각했다. 그래서 일류대에 보내고 싶었고, 입버릇처럼 특목고에 가야 한다고 말했다. 아빠가 일요일만큼은 가족이 함께 지낼 수 있게 학원에 보내지 말자고 했다. 엄마는 특목고에 가지 못하면 책임질 거냐면서 화를 냈다. 아빠는 준서의 뒷바라지를 위해 열심히 일만 해야 했다. 이 집에서 엄마 아빠의 삶은 없었다. 여름 방학 첫날, 아빠와 엄마는 이렇게 사는 것이 옳은지, 그래서 가족 모두 행복한지 고민이 필요하다며, 준서에게 여행을 다녀오겠다고 했다. (12~23쪽)

근검절약해서 큰돈 모으면 꼭 쓸 곳에 써야

▲다산 아저씨는 준서에게 근검절약 해서 큰돈을 모으면 꼭 쓸 곳에 써야 한다고 말했다.

(나)다산 아저씨는 아빠의 부탁을 받고 준서를 돌보러 오셨다. 준서가 갈비를 달라고 하자 아저씨는 김치만 주었다. 아저씨는 남을 속이면 안 되지만, 음식이 입안에 있을 때 맛있다고 잠시 자기 입을 속이면 된다고 하셨다. 그러면 음식을 하는 데 생각과 힘을 낭비할 필요가 없다는 것이었다. 그리고 푼돈을 모아 큰돈이 되면 꼭 쓸 곳에 써야 한다고 했다. 엄마는 준서가 일등을 할 때마다 비싼 것을 사 주었고, 준서는 갖고 싶은 물건이 있으면 더 열심히 공부했다. 준서는 근검을 하는 이유를 몰랐다. (25~47쪽)

이런 뜻이에요

특목고 특수목적고등학교의 준말. 특정한 과목에 우수한 인재를 뽑아 키우려고 만든 과학고등학교나 외국어고등학교 등을 말한다.
다산 조선 후기 실학자인 정약용(1762~1836)의 호. 개혁과 개방을 통해 나라를 부자로 만들고 군사력을 키우자고 주장했다.
근검 부지런하며, 사치하지 않음.

본문 맛보기

좋은 친구 사귀려면 남을 나처럼 아끼면 돼

(다)아저씨는 준서에게 이제부터 학원에 다니지 말라고 했다. 준서가 놀이터로 갔다. 아이들이 신나게 놀고 있었다. 그네를 타려고 하자 영욱이가 재빨리 그네를 차지했다. 그때 다산 아저씨가 나타났다. 준서는 친구를 어떻게 사귀어야 할지 모르겠다고 말했다. 아저씨는 모든 사람은 다 관계로 엮여 있다며, 좋은 관계를 맺으려면 남을 나처럼 아끼면 된다고 했다. 다른 사람의 착한 행실을 보면서 자신의 착한 점을 찾고, 다른 사람의 악한 행실을 보면서 자신의 악한 점을 찾아내라는 말이었다. (49~76쪽)

▲다산 아저씨는 남을 나처럼 아끼면 좋은 관계를 맺을 수 있다고 가르쳐 주었다.

독서 통해 얻은 지식은 문제를 해결하는 데 써야

(라)아저씨는 집안일을 하는 시간을 빼고는 책을 읽고 뭔가를 썼다. 준서도 옆에서 책을 읽었다. 아저씨는 독서는 남에게 지식을 자랑하거나 말싸움에서 이기려고 하는 것이 아니라고 했다. 그러면서 자기 앞에 주어진 문제를 현명하게 해결하고, 인격을 성장시키기 위해 해야 한다고 했다. 엄마가 보낸 엽서가 왔다. 엄마는 그동안 자신이 잘못 살아왔으며, 자신의 행동이 가족을 망치고 있었다는 점을 깨달았다고 했다. 무조건 일등이 되라고 강요만 하고 인성 교육은 신경도 쓰지 않았다는 것이다. (85~94쪽)

▲엄마는 준서에게 무조건 일등만 하라고 강요하면서 인성 교육을 하지 않은 걸 후회했다.

본문 맛보기

일등을 하기 위한 공부는 엉터리라고 생각

▲다산 아저씨의 가르침을 받은 준서는 스스로 계획표를 짜서 깊이 있게 공부하기 시작했다.

(마)아저씨는 준서에게 자신은 책을 읽을 때마다 중요한 개념이나 내용을 정리한다고 말했다. 이해가 안 되는 부분은 다른 책 100권을 읽어서라도 알고 넘어간다고 했다. 준서는 아저씨에 비하면 자기가 한 공부는 엉터리라고 생각했다. 그 뒤 준서는 깊이 있게 공부하기 시작했다. 며칠 뒤 아저씨가 갑자기 몸살 기운이 있어 누워 있었다. 준서는 스스로 인터넷에서 반찬을 하는 방법을 찾아 밥을 차렸다. 아저씨는 비가 오자 이재민이 발생하지 않을까 걱정했다. 준서도 낮은 지대에 사는 이웃이 걱정되었다. (97~124쪽)

재물을 오래 보존하는 방법은 남에게 베푸는 것

▲아저씨는 준서에게 재물을 오래 보존하는 가장 좋은 방법은 남에게 베푸는 것이라고 했다.

(바)아저씨는 재물을 가장 오래 보존하는 방법은 남에게 베푸는 것이라고 말했다. 그 마음이 다른 사람에게도 전달되고 세상을 살기 좋게 만들기 때문이라는 것이다. 아저씨의 말과 행동이 준서의 마음을 움직였다. 며칠 뒤 준서의 부모님이 돌아오셨다. 준서네 가족은 각자 주어진 시간을 의미 있게 보내려고 선택을 했다. 아빠는 요리를, 엄마는 사진을 배우기 시작했다. 준서는 스스로 학습 계획을 세워 진짜 공부를 하게 되었다. 그리고 가족이 함께 여행하고 봉사를 다니면서 보람 있게 살았다. (125~182쪽)

생각이 쑤욱

1 (가)의 준서처럼 일등에 최고의 가치를 두고 학벌만 중시하면서 자라면, 어른이 되었을 때 어떤 모습이 되어 있을지 추측해 보세요.

2 (나)를 참고해, 내가 근검절약해서 1년간 돈을 모았을 경우와 10년간 돈을 모았을 경우 각각 어떻게 쓸지 계획해 보세요.

▲근검절약해서 돈을 모으면 부모님에게 도움을 받지 않고도 필요한 물건을 살 수 있고, 이웃을 돕는 일에도 쓸 수 있다.

머리에 쏘옥

학벌 중심 사회의 문제점

학벌 중심 사회는 개인의 능력과는 상관없이 출신 학교의 지위를 중요하게 여깁니다. 그래서 같은 대학 교육을 받아도 대학의 사회적 위치에 따라 가치를 다르게 매기지요. 어느 대학을 나왔느냐에 따라 취직이나 승진, 결혼 등이 결정되는 것입니다.

그러다 보니 특정 대학교에 입학하기 위한 입시 경쟁을 낳고, 인성 교육보다는 입시 교육에만 치우칩니다.

이런 사회에서는 공부를 잘하는 학생만 학교나 사회에서 인정을 받지요. 결과적으로 성적이 우수한 사람은 자신이 훌륭하다는 잘못된 믿음을 갖고, 성적이 좋지 않은 학생은 자신감을 잃은 채 자신을 가치가 없는 존재로 여깁니다.

학벌은 또 사회적 차별과 불평등을 계속 확산시킵니다. 학벌은 한번 정해지면 바꿀 수 없기 때문입니다.

이런 사회에서는 친구를 사귈 때도 사람의 됨됨이를 보지 않고 공부를 잘하면 괜찮은 사람으로 생각합니다. 또 친구를 경쟁자로 여겨 진정한 친구를 사귈 수도 없습니다.

생각이 쑤욱

3 (다)의 밑줄 친 부분에서, '모든 사람은 다 관계로 엮여 있다'는 말의 뜻을 내가 태어나면서부터 어른이 될 때까지 사례를 들어 설명하세요. 그리고 관계를 맺을 때 누군가 나를 자신처럼 아껴 주면 어떤 기분이 들지 말해 보세요.

▲모든 사람은 태어나면서부터 공동체 안에서 누군가와 관계를 맺으면서 살아간다.

4 (라)를 참고해, 인성 교육이란 무엇이며, 인성 교육이 왜 중요한지 이야기해 보세요.

▲인성 교육은 타인을 배려하는 데서 시작된다.

머리에 쏘옥

관계를 발전시키려면 상대에게 정성을 다해야

모든 사람은 태어나면서부터 관계로 엮여 있어요. 남편과 아내, 부모와 자식, 선생님과 제자, 선배와 후배, 사장과 직원 등의 관계를 이루지요.

다산 아저씨는 준서에게 다른 사람과 좋은 관계를 유지하기 어려워서 헐뜯고 시기하게 된다고 말했어요. 따라서 다른 사람과의 관계를 유지하고 발전시키는 데 정성을 다하면, 상대도 나에게 정성을 다하게 되어 더 좋은 관계로 발전하고 행복해질 수 있습니다.

인성 교육의 중요성

인성이란 타고난 개인의 성품을 말합니다. 인성 교육은 개인의 생각을 바르고 건전하게 가꾸며 타인과 공동체, 자연과 더불어 사는 데 필요한 성품을 기르는 교육이지요. 건전하고 올바른 인성을 갖춘 시민으로 만드는 데 목적이 있습니다.

학교에서는 입시 위주의 교육을 하기 때문에 성적으로 줄을 세웁니다. 이에 따라 공동체 생활이 어려울 만큼 지나친 경쟁심과 이기심으로 가득하고, 학교 폭력도 일어납니다. 이렇게 성장하면 사람들끼리 서로 믿지 못하고 갈등하게 되어 사회가 발전하지 못합니다.

생각이 쑤욱

5 (마)에서, 준서의 태도와 마음가짐이 다산 아저씨와 생활하기 전과 후에 어떻게 바뀌었는지 비교하세요. 그리고 내가 생각하는 바람직한 공부의 목적을 밝히세요.

아저씨와 생활하기 전의 준서	아저씨와 생활하고 난 후의 준서

내가 생각하는 바람직한 공부의 목적

머리에 쏘옥

'진짜 공부'의 목적

지식을 중심으로 가르치는 학교에서는 암기를 잘하는 사람이 좋은 성적을 거두기 쉽습니다. 하지만 암기를 잘해서 얻은 지식을 진짜 공부라고 할 수는 없습니다. 진짜 공부는 좋은 점수를 받거나, 남에게 지식을 자랑하거나, 남과 싸워 이기려고 하는 것이 아닙니다.

진짜 공부는 자신의 인격을 성장시켜 어제보다 나은 나를 만들고, 자기 앞에 주어진 문제를 현명하게 해결하기 위해 하는 것이지요. 나아가 실천을 통해 공동체를 이롭게 하는 데 써야 합니다.

▲진짜 공부는 나를 성장시키고 공동체를 이롭게 하기 위해 하는 것이다.

6 (바)에서 다산이 남긴 '재물을 가장 오래 보존하는 최고의 방법은 곧 남에게 베푸는 것이다.'라는 말의 뜻을 예들 들어 설명하세요. 그리고 준서네 가족이 깨달은 보람 있고 행복한 삶의 태도가 어떤 것인지도 이야기해 보세요.

▲경주 교동에 있는 최부잣집

경주 최부잣집은 조선 시대인 17세기 초부터 20세기 중반까지 12대에 걸쳐 약 300년간 부를 이어 왔다. 그러면서 '흉년에는 재산을 늘리지 말되, 사방 백리(40킬로미터) 안에 굶어 죽는 사람이 없게 하라.'라는 가훈을 실천했다. 최부잣집은 탐욕을 줄이고 나눔을 실천해 어려운 이웃을 구하면서 세상의 존경을 받았다.

<신문 기사 참조>

머리에 쏙옥

남에게 베푸는 것은 자신에게 베푸는 것과 같아

한 귀족 소년이 호수에 빠져 허우적거리고 있었습니다. 마침 지나가던 시골 소년이 물속으로 뛰어들어 그를 구해 주었습니다. 둘은 편지를 주고받으며 우정을 키웠습니다. 시골 소년은 의사가 되고 싶었지만 가정 형편이 어려워 대학교에 진학할 수 없었습니다. 귀족 소년은 은혜를 갚기 위해 아버지에게 부탁해 시골 소년이 의학 공부를 할 수 있도록 도왔습니다.

물에 빠졌던 귀족 소년은 훗날 영국의 수상이 되었습니다. 가난했던 시골 소년은 페니실린을 발명해 1945년에 노벨 생리의학상을 받았습니다.

윈스턴 처칠(1874~1965)과 세균학자 알렉산더 플레밍(1881~1955)의 이야기입니다.

1940년 처칠은 폐렴으로 목숨이 위태로웠습니다. 처칠의 꺼져 가는 생명을 건진 건 페니실린이었습니다. 페니실린은 그 뒤 수많은 생명을 구했습니다.

☞ 이 이야기는 1950년 미국의 한 어린이 선교 기관이 발행한 책 『친절의 힘』에 처음 나오는데, 지어낸 것이랍니다.

▲처칠(왼쪽)과 플레밍.

생각이 쑤욱

7 이 책에 제시된 '보람 있고 행복한 삶'을 살기 위해 내가 당장 고쳐야 할 단점과 발전시켜야 할 장점을 각각 한 가지씩 들고, 어떻게 노력할지도 생각해 보세요 (300~400자).

경쟁은 아무도 행복하게 해 주지 않는다. 우열을 가리는 게 경쟁인데, 이기는 사람이 있으면 지는 사람도 생기게 된다. 내가 남보다 낫다고 여기는 사람이 있으면 남보다 못하다고 생각하는 사람도 있다. 경쟁은 이처럼 남과 나를 끊임없이 비교하게 만드는데, 불행은 비교에서 시작된다. 경쟁에서 이긴 사람도 행복하지만은 않다. 전교 1등을 해도 다음 날부터 1등을 뺏길까 봐 불안해지기 때문이다.

<신문 기사 참조>

▲경쟁은 나와 상대를 비교하게 만들어 아무도 행복하게 해 주지 않는다.

사회 문화

누구에게나 성공할 기회 주어져야 공정한 사회

『공정 : 내가 케이크를 나눈다면』

소이언 지음, 우리학교 펴냄, 96쪽

줄거리

공정함이란 공평함에 옳음이 더해진 것입니다. 공정한 사회는 누구에게나 성공할 기회가 주어집니다. 공정한 사회를 만들려면 작고, 어리고, 몸이 아픈 사회적 약자를 배려해야 합니다. 인류는 공정함을 달성하기 위해 큰 대가를 치렀습니다. 옛날과 비교하면 지금이 더 공정하지만, 진짜 공정함은 지금 사는 세상에 딱 맞아야 합니다. 사회적 자원을 공정하게 나누려면 '능력, 업적, 필요'가 기준이 되어야 합니다. 노력한 만큼 보상을 받는 일도 중요하지만, 차별을 당하는 사람과 사다리를 오르다 떨어진 사람을 위한 복지 제도를 갖춰야 합니다.

본문 맛보기

약한 사람에게 빵을 양보하는 것이 공정한 것

▲빵 두 개를 나눠 주지 않고 한 아이에게 모두 주면 불공평하지만, 상대가 약자일 경우 공정한 행위다.

(가)과학자들이 꼬리감는원숭이에게 장난감 동전을 나눠 준 뒤 동전을 내면 오이를 바꿔 주었어요. 그러다 한 원숭이에게만 맛있는 포도를 줬더니, 나머지 원숭이들이 오이를 내던졌어요. 사람은 불공평에 더 예민해요. 아이 둘과 빵 두 개가 있는데, 한 아이에게만 빵을 다 주면 못 받는 아이가 가엽죠. 하지만 무조건 똑같이 나누는 게 옳은 것은 아니에요. 상대가 나보다 작고, 어리고, 몸도 아플 땐 똑같이 나누면 공정하지 않지요. 공평함이 '똑같음'을 강조한다면, '옳음'을 더해서 생각하는 게 공정함이랍니다. (16~20쪽)

공정함은 정의의 다른 이름… 싸워서 얻어 내

▲여럿이 힘을 모아 만든 케이크를 제대로 나눠 갖는 것도 정의로운 일이다.

(나)공정함은 정의의 다른 이름입니다. 여럿이 케이크를 만들었는데, 누군가 모두 가져갔어요. 그러면 케이크를 독차지한 사람을 혼내고, 제대로 나눠야 정의롭답니다. 옛날에는 능력이 뛰어나도 평민이나 노비로 태어나면 원하는 대로 살 수 없었어요. 그런데 이제 세상이 바뀌었어요. 2016년 겨울 우리 국민은 권력을 휘두른 대통령에게 불만이 커서 촛불을 들고 광장으로 나갔어요. 그리고 정당한 절차에 따라 대통령을 파면하고 감옥으로 보냈죠. 이처럼 인류는 공정함을 얻으려고 큰 대가를 치렀어요. (28~30, 35~38쪽)

이런 뜻이에요
파면 잘못을 저지른 공무원을 강제로 퇴직시키는 일.

> 본문 맛보기

누구든 노력하면 성공할 수 있어야

(다)지금은 시험만 잘 보면 누구나 변호사가 될 수 있어요. 시험은 공평합니다. 모든 학생이 정해진 시간에 똑같은 문제를 푸니까요. 그래서 사람들은 각종 시험에 합격하려고 노력합니다. 노력은 배신하지 않는다고 믿으면서요. 그런데 아무리 노력해도 자꾸만 실패하는 일이 생깁니다. '누구든 노력하면 성공할 수 있다'는 말이 참말이 되려면 누구에게나 성공할 기회가 주어져야 합니다. 사람들은 지금 옛날과 비교하면 공정한 세상이래요. 하지만 공정함은 지금 세상에 딱 맞아야 합니다. (45~54쪽)

▲누구에게나 노력을 통해 성공할 기회가 주어져야 공정한 사회다.

차별을 당하는 사람을 배려하는 일도 공정함

(라)인류는 늘 옳음을 생각해 왔어요. 그래서 시험에서 시각 장애인에게는 점자 시험지를 주고, 대학들은 저소득층과 흑인, 아시아인 학생을 의무적으로 뽑지요. 그런데 이러한 배려를 반대하는 사람들이 있어요. 하지만 차별을 당하는 사람을 배려하는 일도 공정함이에요. 공정함에 이런 기준이 있다는 사실을 알지 못하면, 사회적 약자를 배려하는 일이 자기 몫을 빼앗기는 것처럼 느껴지지요. 따라서 사회적 약자들이 장애나 가정 형편 때문에 경쟁에서 이기기 힘들었다는 사실을 잊은 채, 무시하고 조롱해서는 안 됩니다. (59~67쪽)

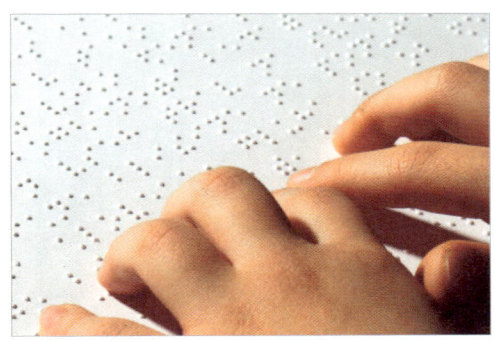
▲시험을 칠 때 시각 장애인에게는 점자 시험지를 주고 보도록 해야 공정하다.

본문 맛보기

사회적 자원을 나누는 기준은 '능력, 업적, 필요'

▲마을 사람들이 공동으로 김치를 담그면서 어떻게 김치를 나눌지 이야기를 나누고 있다.

(마)마을 사람들이 큰 공터에 모여서 김치를 함께 담그고 있어요. 그러면서 김치를 어떻게 나눌지 토론하고 있죠. 어떤 사람이 '각자 담근 양만큼 가져가야 한다'고 말하자, 어떤 이는 자기가 한식 조리사 자격증이 있으며, 김치를 맛있게 담글 줄 아니까 '각자 가진 능력대로 나눠야 한다'고 말해요. 또 어떤 사람은 자기가 나이도 많고 맛있게 담글 능력도 안 된다며 '각자 필요한 만큼 나누자'고 해요. <u>사회적 자원을 나누는 기준에는 능력, 업적, 필요가 있다는 사실을 알 수 있어요.</u> (78~81쪽)

복지 제도 갖춰 계층 오를 수 있는 사다리 유지해야

▲국가에서 복지 제도를 충분히 갖추고 있으면 계층을 상승시킬 수 있는 사다리를 유지할 수 있다.

(바)경제가 빠르게 성장하면 사다리를 타고 오르기가 쉬워요. 하지만 지금 우리나라의 경제는 예전처럼 성장할 수 없어요. 복지 제도가 있으면 사다리를 유지할 수 있어요. 하지만 우리 사회는 복지 제도를 제대로 갖추지 못했어요. 사다리도 없어지고, 사다리에서 떨어진 사람도 받아 주지 못하는 세상이 되었죠. 능력만큼 대접을 받는 건 좋은데, 다른 사람의 불행이 밑거름으로 깔린 세상에선 누구도 행복해질 수 없어요. 노력한 만큼 보상을 받는 일도 중요하지만, 차별을 당하는 사람과 사다리를 오르다 떨어진 사람에 대한 배려도 중요해요. (91~94쪽)

이런 뜻이에요

사다리 가난한 사람이 부자가 되는 등 계층을 오를 수 있는 사다리를 뜻함.

생각이 쏘옥

1 (가)에서 나보다 작고 어리며 몸도 아픈 사람에게 빵을 더 많이 분배하는 일이 왜 공정한지 말해 보세요.

▲약자에게 더 많은 빵을 분배하면 냉장고에 보관해 두었다가 먹을 것이 떨어졌을 때 먹을 수 있다.

2 (나)에서 케이크를 어떻게 나눠야 정의로울까요?

▲집안 형편이 어려워 케이크를 자주 먹을 수 없는 사람이 있다면 몫을 더 줘야 정의로운 나눔이다.

머리에 쏘옥

공정함의 의미

모든 자동차는 도로에서 신호를 지켜야 하고, 앞에 가는 차를 함부로 추월해서는 안 됩니다. 이 원칙을 어기면 벌금을 물어야 해요.

하지만 구급차나 소방차 등은 예외입니다. 구급차가 교통 신호를 어기고 중앙선을 가로질러 달렸는데도 벌금을 물리지 않았다고 칩시다. 그렇다고 경찰을 불공정하게 생각하는 사람은 없을 거예요. 생명이 위급한 상황에 빠진 사람을 먼저 배려하는 건 당연한 일이기 때문입니다. 소방차의 경우도 불이 난 곳에 늦게 도착할수록 피해가 더욱 커지고, 결국 그 피해가 나에게도 돌아올 수 있답니다. 따라서 공정함이란 모든 사람을 똑같이 대우하는 게 아니지요. '옳음'을 생각하면서 상황에 맞추어 다르게 대우하는 거랍니다.

생각이 쑥쑥

3 (다)에서 시험을 통해 공무원을 뽑으면 좋은 점을 설명하고, 가정 형편 때문에 일을 하느라 제대로 시험을 준비하지 못하는 사람들을 배려할 수 있는 아이디어를 내 보세요.

▲시험은 모든 학생이 정해진 시간에 똑같은 문제를 풀기 때문에 공평한 제도다.

4 (라)에서 사회적 약자를 배려하는 일을 반대하는 사람들에게 그러면 안 되는 이유를 알려 주세요.

▲대학에서는 장애인이나 저소득층, 농어촌 출신 학생을 배려하는 전형을 통해 학생을 뽑기도 한다.

머리에 쏘옥

출발선이 다른 사람 배려해야

시험 공부를 하려면 돈과 시간이 필요합니다. 이때 부자는 시험 대비에만 열중하면 되지만, 형편이 어려운 사람은 생활비를 벌어야 하기 때문에 공부만 할 수 없습니다. 그런데도 무조건 더 열심히 노력하라는 말만 한다면 공정한 사회가 아닙니다. 가난한 사람도 부자와 출발선이 같도록 배려해야 하지요.

그래서 정부는 공부를 하고 싶어도 돈이 없어 포기해야 하는 사람들을 위해 복지 제도를 만들어 장학금을 주거나 생활비를 지원해서 출발선을 같게 해 주고 있습니다. 사회적 약자를 배려하는 일을 정부만 할 수 있는 건 아닙니다. 개인도 각자 도울 수 있으면 도와야 하지요. 누군가 다른 사람을 도우면, 도움을 받은 사람은 형편이 나아지면 또 다른 사람을 돕게 되지요. 구성원들끼리 서로 돕고 살면 공정하고 살기 좋은 사회가 되는 것입니다.

생각이 쑤욱

5 (마)의 밑줄 친 부분처럼 기준을 만들어 김치를 나눌 경우의 장단점을 각각 들고, 공정하게 나눌 수 있는 방법도 제시하세요.

	장점	단점
능력		
업적		
필요		
공정하게 나누는 방법		

머리에 쏘옥

김치를 나누는 기준

　마을 사람들이 공동으로 김장을 담근 뒤 각자의 몫을 나눌 때는 불만이 없도록 해야 합니다. 이때 재료는 누가 얼마만큼 가져왔는지, 누구의 기술 덕에 맛있는 김치를 담글 수 있었는지, 김치가 가장 많이 필요한 사람은 누구인지 등을 놓고 회의를 거쳐서 정하면 불만을 줄일 수 있습니다. 김장을 담글 때 자기가 김치 맛을 내는 데 가장 큰 도움을 주었으니 많이 가져가겠다고 고집을 부리면 안 됩니다. 공동체는 서로 도우며 함께 살아야 하는 곳이기 때문입니다.

　김치를 나눌 때는 아프거나 나이가 많아서 참여하지 못한 사람은 없는지, 가난해서 재료를 구입하지는 못했는지 등을 살펴야 합니다. 또 가족이 없거나 필요할 때는 언제든지 사서 먹을 능력이 되는 사람이 많이 가져갈 필요는 없습니다. 나중에 김치가 남아서 버릴 수도 있기 때문이지요. 공동체 구성원들에게 이러한 배려를 할 때 사회가 공정해지는 것입니다.

▲김치를 나눌 때는 능력, 업적, 필요를 종합해서 나눠야 공정한 것이다.

생각이 쑤욱

6 (바)에서 계층 이동의 사다리가 끊긴 채 그대로 놔두면 어떤 문제가 생길지 예를 들어 설명하고, 사다리를 이으려면 국가에서 어떤 노력을 해야 하는지 이야기해 보세요.

▲가장 낮은 계층의 사다리를 제대로 세워야 지속 가능한 경제 성장을 할 수 있는 사다리가 완성된다.

미국 캘리포니아대 로버트 라이시(73) 교수는 심한 양극화를 해결하는 방법으로 공정한 교육을 꼽았다. 그는 "중산층과 저소득층을 살려야 한다. 결국 사다리를 밑에서부터 세워야 지속 가능한 경제 성장을 기대할 수 있다."라고 말했다. 그리고 이를 위해 정부는 계층 이동의 사다리 구실을 하는 교육에 투자를 아끼지 말아야 한다고 밝혔다. 지금은 상위 1퍼센트(100 가운데 1)가 부를 독차지하고, 정치와 경제마저 자신들에게 유리하게 만든 상황이므로, 교육을 통한 계층 이동의 기회를 열어 두어야 한다는 뜻이다.

<신문 기사 참조>

머리에 쏘옥

끊어진 사다리를 그대로 놔두면 안 되는 이유

1960년대엔 노동자와 사장의 월급 차이가 10~20배 정도였어요. 그래도 열심히 노력하면 따라잡을 수 있는 차이였지요.

하지만 그동안 돈과 힘을 가진 사람들의 월급만 계속 올랐기 때문에 지금은 1000배 이상 차이가 납니다. 아무리 노력해도 좁힐 수 없게 된 것이죠.

이를 그대로 놔두면 부자는 계속 부자로 살고, 가난한 사람은 가난하게 살 수밖에 없습니다. 능력만큼 대접하는 건 좋지만, 부자의 자녀는 그 능력을 쉽게 기를 수 있다는 데 문제가 있습니다.

따라서 정부는 끊긴 사다리를 잇기 위해 복지 제도를 충분히 갖춰야 합니다. 특히 사회적 약자들에게 다양한 교육 기회를 제공해야 하지요. 계층 상승의 사다리 역할을 하는 것이 교육입니다. 사교육 시장이 커지면서 부자일수록 질이 좋은 교육을 받을 수 있어 불평등을 키우기 때문입니다.

생각이 쑤욱

7 아래 기사를 읽은 뒤, 온라인 수업 때문에 부자 학생과 가난한 학생 사이의 교육 격차가 벌어지는 이유를 설명하고, 내가 교육부 장관이라면 이러한 교육 격차를 어떻게 없앨지 고민해 보세요(300~400자).

코로나19가 대유행하면서 실시되는 온라인 수업 때문에 학생들 사이의 교육 격차가 더 커진 것으로 나타났다. 한 여론 조사 업체가 2021년 2월에 전국의 성인 1000명을 대상으로 조사한 결과다. 응답자의 64퍼센트(100 가운데 64)는 온라인 수업 이후 부모의 경제력과 학력이 학생들 사이의 교육 격차를 더 벌어지게 만들었다고 대답했다. 온라인 수업만으로 학생들이 학습 내용을 잘 이해할 수 있느냐는 질문에도 65퍼센트가 잘 이해하지 못한다고 대답했다. 특히 초중고 자녀를 둔 응답자의 경우 10명 중 7명이 이렇게 답변했다.

▲초등학생이 온라인 수업을 듣고 있다.

<신문 기사 참조>

국내문학

할머니의 생전 장례식 통해 가족의 갈등과 화해 그려

『모두 웃는 장례식』

홍민정 지음, 별숲 펴냄, 160쪽

줄거리

윤서의 할머니가 건강 검진을 받았는데, 암세포가 온몸에 퍼졌다는 진단을 받았어요. 그래서 할머니는 아빠에게 이번 생일에 생전 장례식을 치르고 싶다는 말을 했어요. 아빠는 큰아빠와 작은아빠에게 연락했어요. 하지만 미국에 있는 큰아빠는 오지 못한다고 했고, 작은아빠는 가족들을 빼고 혼자서만 왔어요. 아빠는 할머니가 많이 편찮으신데도 형제들이 성의가 없는 태도를 보이자 마음이 상했어요. 하지만 생전 장례식 준비를 하면서 가족이 모두 모였고, 화해하는 시간을 가졌지요.

본문 맛보기

할머니는 생일에 '생전 장례식' 치르자고 말해

▲할머니는 건강 검진을 받으러 갔다가 암에 걸렸다는 진단을 받았다.

(가)나는 방학 동안 중국 전문 여행사의 상하이 지사에서 근무하는 엄마와 상하이에서 지내기로 했다. 엄마는 아빠의 서점 개업일에 상하이로 훌쩍 떠났다. 엄마는 지난해 아빠가 차고를 개조해 서점을 내겠다고 했을 때부터 마음이 상했다. 나는 내 인생이 꼬여 버렸다고 생각했다. 6개월 뒤 할머니가 건강 검진에서 암에 걸렸다는 사실을 알았다. 할머니가 아픈 뒤부터 아빠랑 고모는 할머니가 뭘 먹고 싶다거나 보고 싶다면 꼭 해 주려고 애썼다. 할머니는 다가오는 본인 생일에 장례식을 하자고 했다. (8~18쪽)

생전 장례식이 우리 정서에 맞지 않는다고 말해

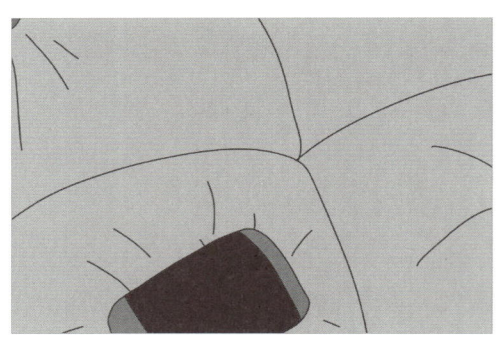
▲아빠는 미국의 큰아빠와 통화를 마친 뒤 화가 나서 휴대 전화를 소파에 집어던졌다.

(나)아빠는 미국으로 이민 간 큰아빠한테 전화를 걸었다. 그런데 아빠가 큰아빠에게 오든지 말든지 맘대로 하라며 화가 나서 휴대 전화를 소파에 집어던졌다. 아빠는 현관문을 쾅 닫고 나갔다. 나도 밖으로 나와 혜원이를 만났다. 혜원이에게 고모가 만든 김밥을 주었더니, 먹을 때마다 찬사를 쏟아냈다. 내가 혜원이를 좋아하는 이유는 감정 표현에 솔직하기 때문이었다. 고모는 할머니에게 우리 정서에는 생전 장례식이 맞지 않다며, 사람들이 뭐라고 하겠냐고 말했다. 할머니는 인상을 쓰며 거칠게 손을 내저었다. (31~38쪽)

> 본문 맛보기

작은아빠와 고모의 무성의한 태도에 화를 내

(다)혜원이는 자기 할머니의 장례식에 친척과 할머니 친구들이 왔는데, 할머니가 그 사람들을 볼 수 없는 게 슬펐다고 했다. 얼마 뒤 작은집 식구들이 할머니를 뵈러 오겠다고 연락이 왔다. 아빠는 장례식을 어떻게 할지 의논하자고 했다. 그런데 저녁에 작은아빠 혼자서 왔다. 순간 아빠의 표정이 어두워졌다. 작은아빠는 아빠에게 뭐 좋은 얘기라고 애들까지 듣게 하느냐고 말했다. 고모도 늦게 왔다. 아빠의 표정은 화난 정도를 넘어섰다. 아빠는 회의가 어렵겠다며 다음에 다시 얘기하자고 했다. (48~60쪽)

▲작은집 식구들이 할머니를 뵈러 오겠다고 했지만, 작은아빠 혼자서만 왔다.

신문에 광고할 생전 장례식 초대장 내용 적어

(라)아빠는 신문에 광고할 할머니의 생전 장례식 초대장 내용을 적었다. 내년 생일을 기약할 수 없어 이번 생의 마지막 생일을 고마운 분들과 함께하고 싶다는 내용이었다. 엄마는 아빠에게 전화해 방학에 나를 상하이로 데려가 공부시키려 했는데, 뭐 하는 거냐며 따졌다. 혜원이와 승준이는 할머니의 장례식 이벤트로 가족과 친구, 시장 사람들이 할머니에게 보내는 영상 편지를 만드는 게 좋겠다고 했다. 나는 할머니와 함께했던 시간을 떠올렸다. 할머니는 초등학교에 들어가기 전까지 나한테는 엄마였다. (77~98쪽)

▲아빠는 신문에 광고할 할머니의 생전 장례식 초대장 내용을 적었다.

시장 사람들 인사말 담긴 이벤트 영상 찍기로 해

▲나는 할머니가 일했던 시장과 시장 사람들이 남기는 인사말을 장례식 이벤트 영상에 담기로 했다.

(마)아빠는 할머니의 침대 옆에 쭈그리고 앉아 있었다. 아빠는 내가 들어온 줄도 모르고 혼잣말을 했다. 할머니를 얼마나 사랑하며, 아빠에게 얼마나 소중한 사람인지 너무 늦게 알았다며 흐느꼈다. 나는 할머니에게 보여 드릴 영상을 찍기 위해 아빠의 허락을 구했다. 할머니가 오래 일했던 시장과 시장 사람들이 할머니에게 남기는 인사말을 찍으면 좋아할 것 같았다. 아빠의 표정을 보니 허락을 넘어 감동에 이른 것 같았다. 나는 혜원이, 승준이와 함께 할머니가 운영하던 한복집 주변 가게부터 들렀다. (96~115쪽)

생전 장례식에 가족 모두 모여 화해 이뤄

▲할머니의 생전 장례식에는 큰아빠와 엄마 등 가족 모두 모여 화해를 했다.

(바)할머니의 생전 장례식을 하루 앞둔 아침, 미국에서 큰아빠가 왔다. 큰아빠는 할머니를 엄마라고 부르며 아이처럼 크게 울었다. 작은아빠도 퇴근해서 집으로 왔다. 할머니가 기뻐했다. 엄마도 중국에서 왔다. 할머니가 엄마를 보자마자 눈물을 쏟았다. 엄마는 중간중간 잘못했다고 했다. 생전 장례식을 하는 날 할머니는 고운 옷을 입고 화장까지 했다. 아빠는 사회를 보다가 자꾸만 고개를 돌려 목을 가다듬었다. 나도 준비한 말을 끝맺기도 전에 눈물이 터졌다. 할머니가 나를 꼭 안아 주었다. (131~151쪽)

생각이 쑤욱

1 (가)에서 윤서의 할머니가 다가오는 자신의 생일에 생전 장례식을 치르자고 한, 숨겨진 이유를 추측해 보세요.

▲부모는 자식들이 사이좋게 지낼 때 행복하다.

2 (나)에서 혜원이의 태도를 참고해, 가족끼리 대화할 때 감정이 상하지 않도록 아빠와 큰아빠의 전화 통화 내용을 고쳐 보세요.

아빠	
큰아빠	

머리에 쏘옥

할머니가 생전 장례식을 하려는 진짜 이유

윤서네 가족은 3대가 함께 삽니다. 그런데 엄마는 아빠와 마음이 맞지 않아 중국에서 따로 삽니다. 큰아빠네 가족이나 작은 아빠네 가족과도 친하지 않습니다. 할머니의 생전 장례식이 아니었다면 화해하지 못했을 것입니다.

상대를 배려하는 대화법

윤서의 할머니는 자신의 생일에 생전 장례식을 치르자고 합니다. 윤서 아빠는 미국에 사는 큰아빠에게 전화로 한국에 잠깐 나올 수 없냐고 물었습니다. 그런데 큰아빠는 나올 수 없다면서, 엄마를 어떻게 모셨기에 그런 말씀까지 하시냐고 쏘아붙입니다. 그 말에 윤서 아빠는 마음을 다쳤지요. 서로 상대의 입장을 배려하지 않고 자기 입장만 말했기 때문입니다.

가족 사이에 갈등을 없애려면 상대를 배려하면서 자신의 감정을 솔직하게 표현해야 합니다.

혜원이는 윤서의 고모가 만든 김밥을 먹을 때마다 진짜 맛있다며 찬사를 쏟아 냅니다. 윤서나 고모는 그 말을 듣고 무척 기뻤을 것입니다. 혜원이처럼 상대를 칭찬하거나 고마움을 적극 표현하는 것도 상대를 배려하는 대화법입니다.

생각이 쑤욱

3 (다)에서, 작은아빠는 가족들이 모여서 할머니의 생전 장례식을 의논하는 자리에 자식들이 어리다는 이유로 데려오지 않습니다. 이런 방식으로 의사가 결정되면 어떤 문제가 생길지 예를 들어서 작은아빠의 잘못을 지적해 보세요.

▲아빠는 작은아빠가 자식들을 데려오지 않고 혼자만 와서 화가 났다.

4 (라)를 참고해, 할머니의 생전 장례식에 가능하면 가족 모두와 할머니를 아는 분들이 많이 참석할 수 있도록, 아빠 대신 초대장 내용을 작성해 보세요(250자).

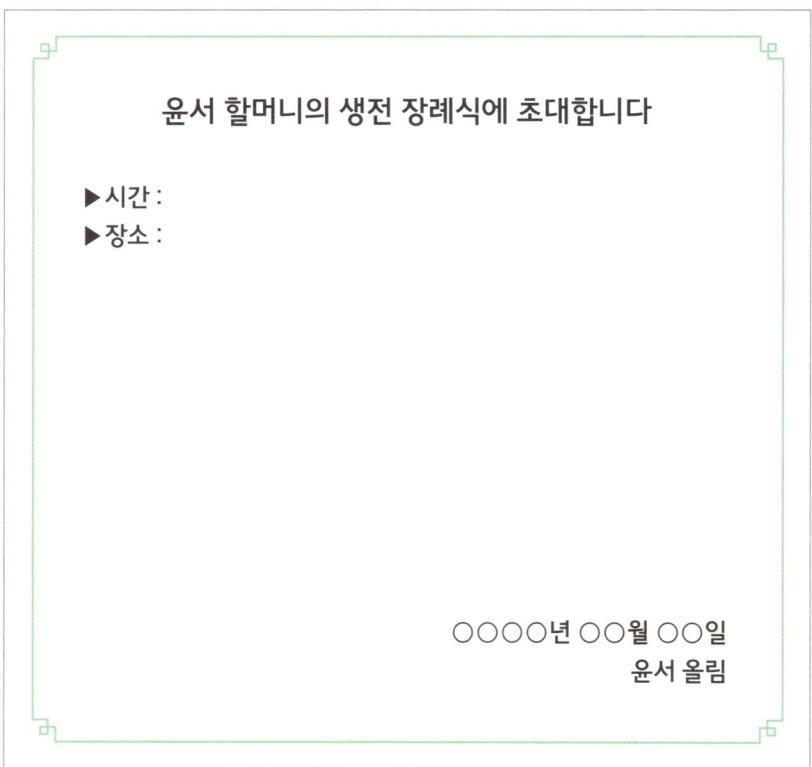

머리에 쏘옥

민주적인 의사 결정 방식

할머니는 삶이 얼마 남지 않았습니다. 생전 장례식을 하자는 까닭도 가족들을 한 번이라도 더 보고 싶기 때문입니다. 그리고 가족들을 화해시키는 자리를 마련하고 싶었겠지요.

따라서 작은아빠는 아이들을 데려와 할머니께 인사를 드려야 합니다. 그리고 회의할 때도 참석시켜 어떻게 하면 할머니의 생전 장례식을 잘 치를 수 있을지 의견을 내도록 해야 합니다. 회의 과정에서 삶을 어떻게 살아야 하는지 진지하게 고민하는 시간도 가질 수 있습니다.

가족 회의 때 어른들만 모여서 의사를 결정하면 아이들의 불만이 쌓입니다. 결정한 대로 따라야 하기 때문이지요. 이렇게 되면 나중에 아이들이 자라서 어른이 되어도 아이들의 의견을 듣지 않는 방식으로 의사 결정을 할 수 있습니다.

▲민주적으로 의사를 결정하려면 가족 모두가 참여해 자기 의견을 내야 한다.

생각이 쑤욱

5 (라)와 (마)를 참고해, 윤서의 입장에서 어릴 적에 엄마 역할을 대신한 할머니께 감사함을 전하며, 가족의 소중함을 일깨우는 1분짜리 영상 편지를 써 보세요.

준비할 영상 (3가지)	
편지글	

머리에 쏘옥

영상 편지에 넣으면 좋을 내용

윤서는 초등학교에 들어가기 전까지 할머니의 보살핌을 받았습니다.

일찍 출근한 엄마를 대신해 할머니가 깨워서 씻기고 밥을 먹여서 어린이집 버스에 태워 주었죠. 어린이집에서 돌아오면 할머니의 한복집에서 시간을 보냈습니다. 손재주가 뛰어난 할머니가 머리를 곱게 땋아 주면 옛이야기 속의 주인공이 된 것 같았습니다.

따라서 할머니가 윤서를 씻기는 장면이나 윤서의 머리를 땋아 주는 모습을 넣으면 감사함을 전하고, 추억을 새롭게 할 수 있습니다. 할머니의 한복집에서 놀며 재롱 떠는 사진을 넣어도 좋습니다.

▲할머니가 윤서의 머리를 땋아 주는 모습을 영상에 넣으면 둘만의 추억을 떠올릴 수 있다.

생각이 쑥쑥

6 윤서네 집은 할머니와 부모님, 윤서 등 3대가 함께 사는 확대 가족입니다. 확대 가족 제도의 장점을 아는 대로 들으세요. 그리고 윤서네 가족의 이야기를 예로 들어 나라면 결혼한 뒤에 부모님을 모시고 살지도 말해 보세요.

확대 가족 제도의 장점	
따라서 나는 부모님을 모시고 살겠다.	하지만 나는 부모님을 모시지 못하겠다.

머리에 쏘옥

확대 가족 제도의 장점

우리나라가 산업화가 되기 전에는 확대 가족이 많았어요. 그런데 오늘날에는 핵가족이 더 많습니다.

확대 가족이란 한집에 조부모와 부모, 결혼한 자녀 등 3대 이상이 함께 사는 것을 말합니다. 핵가족은 보통 부모와 결혼하지 않은 자녀가 함께 살지요.

확대 가족은 어른들과 함께 생활하면서 예절이 몸에 뱁니다. 여럿이 함께 살기 때문에 양보와 협동도 배울 수 있습니다. 이익이나 의견이 충돌할 때 갈등을 조정하는 방법도 익힐 수 있지요. 상대를 배려하고 친구를 사귀는 방법도 저절로 알게 됩니다.

윤서네처럼 맞벌이 부부의 자녀 양육 문제를 해결할 수도 있습니다. 그리고 조부모의 사랑과 격려를 받고 자란 아이들은 긍정적인 인성이 형성된다고 합니다.

▲조부모의 사랑과 격려를 받고 자란 아이들은 인성이 좋아진다.

7 우리 가족의 문제점을 들고, 가족이 화해할 수 있는 방법을 제시하세요(300~400자).

가족은 의미 있는 경험을 나누는 과정에서 배우고 익힌다. 소통하고, 배려하고, 인내하는 능력을 배우는 곳이 집이다. 실패하고 좌절해도 자신에 대한 믿음을 회복할 수 있도록 돕는 이가 가족이다. 하지만 서로 오래 지켜보면 의견 충돌과 갈등을 피할 수 없다. 따라서 일이 있을 때마다 엄마를 찾지 말고 스스로 해결할 줄 알아야 한다. 옷이 어느 서랍에 들어 있는지, 휴지는 어디에 보관하는지 모르면 곤란하다. 집안일은 가족 모두의 몫이니 자기 일이라고 생각하는 것이 가족 행복의 출발점이다.

▲가족이 함께 집안일을 하면 대화 시간도 늘어난다.

<신문 기사 참조>

국내문학

치매 할머니와 손녀의 따뜻한 사랑 이야기

『기억을 파는 향기 가게』

신은영 지음, 소원나무 펴냄, 116쪽

줄거리

　수향이의 할머니는 치매에 걸려서 틈만 나면 어릴 적 사진 냄새를 맡았습니다. 수향이는 할머니에게 진짜 향기를 선물하려고 K향기 가게에 갔습니다. 그리고 사장님에게 가게에서 일할 테니 할머니를 위한 향기를 만들어 달라고 부탁했습니다. 그런데 할머니를 위한 향기를 만들어 줄 때를 기다렸지만 3개월이 지나도 받지 못했습니다. 그사이 사장님은 수향이 몰래 할머니의 고향에까지 찾아가 향수를 만들어 할머니에게 전해 줬습니다. 수향이는 기뻐하는 할머니를 보면서 특별한 향기 때문에 행복해질 수 있다는 사실을 깨달았습니다.

본문 맛보기

치매 할머니가 틈만 나면 어릴 적 사진 냄새 맡아

▲수향이의 할머니는 치매에 걸려 틈만 나면 사진에 코를 대고 고향의 바다 냄새를 맡았다.

(가)수향이의 할머니는 요즘 친구 이름은 물론 저녁에 뭘 먹었는지조차 기억하지 못한다. 수향이의 부모님은 할머니를 모시고 병원에 갔다. 엄마는 할머니가 치매에 걸렸다고 말해 주었다. 수향이는 가슴이 아팠다. 그때 할머니가 흑백 사진을 한 장 내밀었다. 사진 속의 할머니는 단발머리가 잘 어울리는 아이였다. 할머니는 그 사진에서 바다 냄새가 난다고 했다. 그 뒤로 할머니는 시도 때도 없이 사진에 코를 대고 킁킁거렸다. 수향이는 사진에서 진짜 바다 냄새가 났으면 좋겠다고 생각했다. (15~28쪽)

할머니가 그리워하는 고향의 향기 비싸서 못 사

▲수향이는 향기가 치매에 도움이 된다는 말을 듣고, 할머니에게 향기를 선물하고 싶지만 너무 비쌌다.

(나)수향이는 K향기 가게 앞에서 여자들이 하는 말을 들었다. 그 가운데 한 여자가 그리운 냄새를 맡으면 그것에 관련된 기억이 쉴 새 없이 떠오른다고 했다. 그리고 기억을 풍성하게 하는 데 향기보다 더 좋은 건 없는 것 같다고 말했다. 수향이는 할머니에게 도움이 되는 뭔가를 찾은 것만 같아 설렜다. K향기 가게에 들어가니 각각의 향기 이름이 적힌 유리병이 나무 선반 위에 빼곡하게 들어차 있었다. 사장인 K아저씨는 맞춤형 향기 만들기를 좋아한다고 했다. 수향이는 하나에 오십만 원 하는 맞춤형 향기는 살 수 없었다. (32~37쪽)

할머니에게 선물할 향기 얻으려고 가게에서 일해

(다)할머니는 어린 시절의 생각이 나 자신도 모르게 사진 냄새를 맡는 것 같았다. 수향이는 할머니를 위해서라면 누구라도 데려오고 싶었다. 할머니는 할머니의 엄마가 보고 싶다고 했다. 그리고 엄마 품에서 나던 비누 냄새와 엄마가 사 준 새 고무신 냄새, 고향에서 맡았던 오징어 말리는 냄새, 곰팡이 핀 메주 냄새, 막걸리를 만드는 냄새도 그립다고 했다. 다음 날 수향이는 K향기 가게에 갔다. 수향이는 K아저씨에게 가게에서 일할 테니 할머니를 위한 향기를 만들어 달라고 부탁했다. (41~48쪽)

▲수향이는 K향기 가게에서 일할 테니 할머니를 위한 향기를 만들어 달라고 말했다.

K아저씨의 향기는 사람 사이를 이어 주는 향기

(라)수향이가 일한 지 3개월이 지났지만, K아저씨는 아직도 할머니를 위한 향기를 만들지 않았다. 수향이는 번번이 기대를 저버리는 K아저씨에게 불만이 쌓였다. K아저씨가 외출한 사이 슬퍼 보이는 아저씨가 들어왔다. 아내가 세상을 떠난 지 3개월이 되었는데, 딸이 너무 힘들어한다고 했다. 아저씨는 아내의 체취가 남은 옷으로, 아내에게서 나던 향기를 만들 수 있을까 해서 왔다고 했다. 수향이는 K아저씨가 만드는 향기는 사람과 사람을 이어 주는 특별한 향기라고 말했다. (69~79쪽)

▲K아저씨의 향기는 사람과 사람을 이어 주는 향기라고 했다.

본문 맛보기

향기 레시피 훔쳐 달라는 유혹에 안 넘어가

▲수향이는 K아저씨의 레시피 노트를 S향기 아저씨에게 넘길 수 없었다.

(마)K아저씨가 외출한 사이 염탐꾼 S아저씨가 왔다. S아저씨는 수향이에게 금고에 든 K아저씨의 향기 레시피 노트를 가져다주면, 할머니를 위한 향기를 대신 만들어 주겠다고 했다. 수향이는 할머니의 상태가 나빠지는 건 맞지만 K아저씨를 배신하는 일은 옳지 못하다고 생각했다. 하지만 며칠 뒤, 수향이는 K아저씨가 금고를 열기 위해 누른 비밀번호를 기억했다가 혼자 있을 때 금고를 열고 말았다. 수향이는 레시피 노트를 얼른 꺼내 S향기 아저씨에게 주고 싶었지만 차마 그러지 못했다. (79~99쪽)

효심에 감동해 할머니를 위한 향기 만들어 줘

▲K아저씨는 수향이의 효심에 감동해 할머니의 고향에까지 가서 특별히 만든 향기를 선물했다.

(바)수향이는 가게 일을 그만두기로 결심했다. 다음 날 할머니는, K아저씨가 할머니를 위한 향기를 만들기 위해 할머니의 고향까지 다녀왔다는 사실을 수향이에게 전했다. 할머니는 K아저씨가 만들어 준 향기가 자신이 그리워한 향기와 같다고 말했다. 할머니는 모두 수향이 덕분이라며 기뻐했다. 수향이는 아무 말도 할 수 없었다. K아저씨를 의심한 것이 미안할 뿐이었다. 수향이는 아저씨를 찾아가 사과했다. 아저씨는 수향이처럼 가족을 위하는 아이를 도울 수 있어 행복하다고 말했다. (101~107쪽)

이런 뜻이에요

레시피 음식, 비누, 향기 등을 만드는 데 필요한 방법이나 과정을 담은 책.

생각이 쑤욱

1. 치매 환자는 갈수록 기억을 잃게 됩니다. 기억의 가치 또는 역할을 아는 대로 들어 보세요.

▲기억이 없으면 자신이 누구인지 증명할 수 없다.

2. (라)를 참고해, 이 책에 나오는 향기의 의미를 설명해 보세요.

▲엄마의 향기는 자녀와 엄마를 이어 주는 역할을 한다.

머리에 쏘옥

기억의 역할

기억은 사람을 구분하는 기준이 됩니다. 사람마다 경험에서 얻은 기억이 다르기 때문에 자신의 존재를 증명할 수 있습니다. 수향이의 할머니처럼 기억을 잃으면 자신의 존재를 잃는 것과 같습니다. 사람은 좋든 나쁘든 기억을 통해 자기를 확인하며 성장하고 행복하게 살 수 있기 때문입니다.

기억은 지식과 경험을 나누는 역할도 합니다. 기억이 없으면 인류의 문명 발전도 없었을 것입니다.

향기의 의미

수향이는 향기가 사람과 사람을 이어 주는 역할을 한다고 생각했습니다. 치매 환자는 과거의 기억을 잃었어도, 특정한 냄새를 실마리로 기억의 끈이 이어지게 되는 것이지요.

향기는 실제로 기억을 되살리는 효과가 있답니다. 그래서 어떤 향기를 맡으면 그때 느낀 감정까지 떠오르지요. 너무 오래된 일이어서 상황을 구체적으로 기억하지는 못해도, 그때 느낀 좋은 감정을 떠올리게 해 치매를 늦추는 효과가 있답니다. 수향이의 할머니에겐 고향의 바다 냄새가 곧 향기였습니다.

> 생각이 쏘옥

3 치매 환자를 돌보는 가족에게 어떤 어려움이 있을지 아는 대로 말해 보세요.

▲치매 환자는 외출한 뒤 집을 찾지 못할 때가 많다.

4 치매 환자의 돌봄과 치료에 들어가는 비용을 국가에서 모두 지원해야 한다고 주장해 보세요.

▲치매는 오랫동안 진행되며 근본적인 치료 방법이 없고, 누군가의 지속적인 돌봄이 필요하다.

> 머리에 쏘옥

치매 환자 가족의 고통

치매란 후천적으로 대뇌의 신경 세포가 망가지는 바람에 기억력, 언어 능력, 판단력 등 지적 능력이 약해져 생활을 제대로 하지 못하는 증상을 말합니다.

치매에 걸리면 가족도 알아보지 못하고, 자신이 누구인지도 모릅니다. 그래서 치매 환자는 외출했다가 실종되는 경우도 많습니다. 또 가족을 몰라보는 상황에서 판단력까지 없어져 집안을 어지르거나 말을 함부로 하는 등의 문제로 가족을 힘들게 하기도 합니다.

치매 환자 가정에 국가 지원이 필요한 까닭

치매 환자는 보통 5년 이상 생존하고, 스스로 생활하기 어렵습니다. 더구나 근본적인 치료가 어려우며, 시간이 갈수록 악화됩니다. 따라서 치료에 돈도 많이 들고, 누군가 옆에서 지속적으로 돌봐야 하지요.

가족 중에 치매 환자가 있으면 스트레스를 받아 정신적·육체적으로 여러 가지 문제가 생길 수 있습니다. 심하면 환자를 학대하기도 합니다.

따라서 국가가 치료비와 돌봄 인력 파견 등을 지원하지 않으면 치매 환자와 가족 모두에게 위기가 닥칠 수 있습니다

생각이 쑤욱

5 K아저씨가 수향이와 한 약속을 지키지 않는 상황에서 (마)의 밑줄 친 부분과 같은 상황이라면, 나는 어떤 선택을 할 것이며, 그 이유는 무엇인지 제시하세요.

▲할머니의 상태는 점점 나빠지는데, K아저씨는 할머니에게 선물할 향수를 만들어 준다는 약속을 지키지 않았다.

머리에 쏘옥

수향이의 갈등

　수향이는 K향기에서 일하는 조건으로 할머니를 위한 향기를 만들어 달라고 했어요.
　그런데 3개월이 지나도 K아저씨는 향기를 만들어 주지 않았습니다. 그사이 할머니의 치매 상태는 점점 나빠지지요. 수향이의 입장에서는 답답하고, K아저씨의 약속에 의심이 갑니다. 따라서 K아저씨의 향기 레시피 노트를 S아저씨에게 보여 주고 할머니에게 향기를 빨리 선물하고 싶은 마음이 큽니다. K아저씨의 거짓말을 응징할 수 있고, 할머니의 병을 조금이라도 낫게 할 수 있으니까요.
　하지만 어떠한 상황에서도 남의 물건을 훔치면 법에 어긋납니다. 그리고 K아저씨의 향기 비법을 경쟁자에게 넘기면 K아저씨는 망할 수도 있습니다. 수향이는 레시피를 훔치기 전에 K아저씨에게 약속을 지켜 달라고 요구해야 합니다. 그렇지 않으면 일한 만큼 돈을 달라고 해서 다른 가게에서 향기를 사면 됩니다. 수향이가 레시피를 훔쳐 S아저씨에게 넘겼을 경우 나중에 양심의 가책을 받아 불행한 삶을 살 수도 있습니다.

생각이 쑤욱

6 수향이네 가족의 예를 들어 가족이란 무엇인지 자기 생각을 정리하세요.

▲수향이의 엄마는 할머니가 사진에서 바다 냄새가 난다고 하자, 열심히 사진 냄새를 맡더니 진짜 바다 냄새가 나는 것 같다고 말했다.

머리에 쏘옥

가족의 의미

 가족이란 남편과 아내, 부모형제처럼 결혼과 핏줄로 이어진 관계입니다. 그리고 일상을 함께합니다. 입양으로 맺은 관계도 가족에 해당합니다.

 가족은 아이를 낳아 기르고, 교육시키며, 함께 놀이도 하고 휴식도 취합니다. 가족은 좋은 일이건 나쁜 일이건 모두 공유하며 도움을 주고받습니다.

 따라서 가족은 끊을 수 있는 관계가 아닙니다. 그런데 부모님이 늙고 병들었다고 학대하거나 돌보지 않는 사람들도 있습니다. 자녀로서 하면 안 되는 태도입니다.

 수향이네 가족은 치매에 걸린 할머니를 모시고 삽니다. 그리고 치매를 낫게 하려고 할머니에게 도움이 되는 일을 하기 위해 노력합니다. 수향이는 할머니에게 향기를 선물하고 싶지만 값이 비싸서 향기 가게에서 아르바이트를 하지요.

 가족은 이처럼 특히 어려울 때 함께하는 사이입니다. 그리고 배려와 사랑으로 맺어진 관계이지요.

생각이 쑥쑥

7 치매 환자가 가족과 함께 가정에서 생활하면서 치료를 받도록 하려면 나라에서 어떤 지원을 해야 하며, 가족은 치매 환자를 어떤 태도로 돌봐야 하는지 말해 보세요(300~400자).

우리나라의 치매 환자는 2020년 기준 86만 명에 이른다. 2030년에는 130만 명을 넘을 것으로 보인다. 전체 노인 10명 가운데 1명은 치매인 셈이다. 치매 환자의 치료와 간병에 드는 가족의 비용과 돌봄 부담은 날로 커지고 있다. 치매 환자의 가족은 '보이지 않는 제2의 환자'라고 불릴 만큼 간병을 하면서 여러 가지로 고통을 당한다. 따라서 나라에서 치매 환자의 돌봄 서비스를 확대하고, 의사의 상담 치료에 드는 비용을 지원하는 등 방안을 마련해야 한다. 이제 우리나라도 치매 환자가 가족과 함께, 존중 받으며 살 수 있도록 배려해야 한다.

▲치매 환자도 나라에서 파견하는 돌봄 서비스가 충분하면 가족과 함께 생활할 수 있다.

<신문 기사 참조>

조선 후기의
무능한 지배층 꼬집어

『별주부전』

김해원 지음, 웅진주니어 펴냄, 116쪽

줄거리

용왕인 광리왕은 큰 궁궐을 지은 뒤 떠들썩하게 놀다가 병이 났다. 광리왕이 한탄하며 우는 소리를 신선이 들었다. 그리고 수궁으로 내려가 토끼의 간을 먹으면 낫는다고 알려 줬다. 별주부는 토끼를 데려오겠다며 바깥세상으로 나갔다. 별주부는 수궁에 가면 편하게 살 수 있다고 토끼를 속여 데려왔다. 광리왕이 토끼에게 간을 내놓으라고 했다. 하지만 토끼는 꾀를 내어 간을 바깥세상에 두고 왔으니 다녀오겠다고 말했다. 별주부는 다시 토끼를 데리고 바깥세상으로 올라갔다. 하지만 토끼는 도망쳤다. 별주부는 자신이 살기 위해 다시 토끼를 잡으러 다녔다.

본문 맛보기

흥청망청 잔치 벌이다 병들어 죽을 날만 기다려

▲광리왕은 궁궐을 다 지은 뒤 며칠씩 잔치를 하며 떠들썩하게 놀다 병들었다.

(가) 용왕인 광리왕은 어느 해 영덕전이라는 궁궐 하나를 지었다. 그리고 술이 동날 정도로 잔치판을 벌였다. 북을 두드리고, 거문고를 튕기는 소리에 어깨춤을 들썩이면서 몇 날 며칠 떠들썩하게 놀았다. 그러다 광리왕은 병이 나 죽을 날만 기다리게 되었다. 광리왕은 낮이고 밤이고 자기 신세를 한탄하며 서럽게 울었다. 그 소리가 어찌나 애달프던지 지나가던 신선이 듣고는 수궁으로 내려왔다. 신선은 광리왕의 몸을 두루 훑으며 맥을 짚었다. 그러고는 토끼의 간이 병을 고칠 약이라고 말했다. (16~21쪽)

토끼를 데려오겠다고 바깥세상으로 떠나

▲별주부인 나는 토끼를 잡아오기 위해 그림 한 장을 들고 바깥세상으로 나갔다.

(나) 광리왕은 신하들에게 토끼를 구해 오라고 했지만 다들 핑계를 댔다. 그래서 자손 대대로 부귀영화를 누리게 해 주겠다고 약속했다. 그러자 너도나도 가겠다고 나섰다. 나는 그 일에 가장 적합하다고 말했다. 등딱지는 방패로 삼을 수 있고, 네 다리로 물 위에 한참이나 떠 있을 수 있으니 적을 물리치기도 쉽다고 했다. 또 재주가 뛰어나 토끼를 속여 잡아 올 수 있다고 강조했다. 광리왕은 내 말에 감격해 눈물을 흘렸다. 나는 토끼를 본 적이 없으니 토끼의 모습이나 한 장 그려 달라고 했다. (33~37쪽)

이런 뜻이에요

용왕 불교에서 동서남북의 바다를 다스리는 신.
광리왕 남해를 다스리는 용왕.
영덕전 용왕이 업무를 맡아 보는 곳.
동날 물건 등이 다 떨어질. 기본형은 동나다.
맥 심장의 박동.

산짐승들은 위급한 상황에서도 서로 다투기만 해

(다)바깥세상은 볼 만했다. 나는 산이 모두 내려다보이는 바위에 앉아 토끼가 나타나기를 기다렸다. 그때 느닷없이 바위 아래 널찍한 곳으로 산짐승들이 우르르 몰려왔다. 그들이 떠드는 소리를 들어 보니 포수 때문이었다. 그런데 하는 짓을 보니 포수를 피할 궁리는 하지 않고, 엉뚱하게 누가 가장 어른인지만 따지고 있었다. 누구는 옥황상제에게 불로초를 바쳤으니 자기가 어른이라 하고, 누구는 자기가 가장 힘이 세니 어른이라고 했다. 나는 얼른 토끼 그림을 펼쳐 놓고 짐승들과 맞춰 봤다. (42~56쪽)

▲산짐승들은 포수가 나타나 위험한 상황에서도 서로 자기가 어른이라고 다투기만 했다.

수궁에 가면 높은 벼슬 할 수 있다고 속여

(라)토끼는 내가 부르는 소리에 뛰어왔다. 토끼는 옥황상제를 모시며 살다가, 실수해 귀양을 왔다고 했다. 나는 수궁이 날마다 잔치를 하는 곳이라고 말했다. 그리고 토끼에게 수궁에 가면 높은 벼슬을 할 분이라고 전했다. 그러니 수궁에 가서 낮에는 용왕 대신 벼슬아치들을 부리다, 밤에는 고래 등 같은 집에서 비단 옷을 입고 좋은 것 먹으면서 남은 인생을 편히 살라고 했다. 토끼는 내 말에 속아 수궁에 가겠다고 나섰다. 이제 수궁으로 데려간 뒤 배를 갈라 간을 꺼내면 되는 일이었다. (58~80쪽)

▲별주부는 수궁에 가면 높은 벼슬을 얻어 걱정 없이 살 수 있다고 토끼를 속였다.

이런 뜻이에요

옥황상제 하느님. 하늘을 다스리는 신.

본문 맛보기

광리왕은 토끼의 거짓말에 속아 풀어 줘

▲토끼는 간을 햇빛에 말리느라 산꼭대기 소나무에 걸어 놓았다고 거짓말을 했다.

(마)토끼를 영덕전 문 앞에 내려놓자, 수문장인 메기가 토끼를 오랏줄로 묶었다. 광리왕은 토끼에게 간을 먹겠다고 했다. 토끼는 날 좋을 때 간을 꺼내 보름간 이슬에 씻어 햇빛에 말리는데, 지금이 그때여서 간을 산꼭대기 소나무에 걸어 놓았다고 했다. 나는 용왕에게 간을 꺼내고도 살 짐승은 없다고 했다. 토끼는 간이 없는 배를 갈라 봤자 뭣하겠느냐고 했다. 광리왕은 토끼의 말을 믿었다. 나는 서럽지만 토끼를 등에 태웠다. 토끼는 바깥세상으로 나오자, 깔깔 웃더니 산으로 들어가 버렸다. (88~108쪽)

내가 살려고 도망친 토끼 다시 잡으러 다녀

▲별주부는 자신이 살기 위해 도망친 토끼를 다시 잡으러 다녔다.

(바)나는 그만 기운이 빠져 땅바닥에 주저앉았다. 토끼를 잡은 것도 나요, 토끼를 놓아준 것도 나였다. 하지만 따지고 보면 토끼를 놓친 것은 귀가 얇은 광리왕이며, 멍청한 대신들이다. 하지만 광리왕은 그렇게 생각하지 않을 것이다. 그리고 토끼를 놓친 책임을 나에게 물어서, 나를 끓는 물에 풍덩 집어넣고 왕배탕을 만들 것이다. 내가 살 길은 다시 토끼를 잡아가는 수밖에 없었다. 광리왕의 병을 낫게 하기 위해서가 아니라, 내가 살기 위해서다. 나도 참 어리석은 별주부다. (108~115쪽)

이런 뜻이에요
왕배탕 자라(별주부)를 넣고 끓인 탕.

생각이 쑤욱

1 (가)에 나오는 시대 배경을 조선 후기로 볼 때, 지은이가 이 글을 쓴 까닭을 추측해 보세요.

▲광리왕은 백성의 생활이 어려운데도 궁궐을 짓고, 잔치를 벌이는 데 나랏돈을 마구 썼다.

2 (나)에서, 광리왕과 별주부의 잘못을 꼬집어 보세요.

▲광리왕은 신하들에게 토끼를 구해 오면 자손 대대로 부귀영화를 누리게 해 주겠다고 말했다.

머리에 쏘옥

별주부전을 쓴 이유

조선 후기에는 부정부패가 심했어요. 왕은 백성을 돌보지 않고, 관리들은 높은 벼슬을 차지할 궁리만 했지요. 백성은 무거운 세금을 내느라 가난했고, 관리들이 못살게 굴어 고통을 당했어요. 그리고 외적이 침입해 나라 살림이 어려운데도 관리들은 여러 무리로 나뉘어 자기네가 옳다고 다투기만 했어요.

그래서 지은이는 그때 왕과 관리 등 권력자들의 횡포와 무능을 비판하고 싶었을 것입니다.

광리왕과 별주부의 문제점

광리왕은 나랏돈을 자신의 돈이라 생각했어요. 그래서 잔치를 벌이다 든 자기 병을 고치려고 토끼를 데려오는 신하에게 자손 대대로 부귀영화를 누리게 해 주겠다고 약속했지요.

별주부는 광리왕이 약속한 부귀영화에 눈이 멀어, 토끼를 구해 오겠다고 약속했지요. 자기 이익을 위해서는 다른 동물의 목숨을 희생시켜도 좋다고 생각한 것이지요.

| 생각이 쑤욱 |

3 (다)와 (라)에서 알 수 있는 관리들의 태도와 백성의 생활 형편을 말해 보세요.

▲관리들은 외적의 침입이나 백성들의 어려움을 살피지 않고 권력 다툼에 빠져 있었다.

4 (라)에서 토끼가 별주부에게 속은 이유를 지적하고, 내가 토끼라면 대화 과정에서 별주부의 약속을 어떻게 확인할 수 있을지 이야기해 보세요.

▲토끼는 욕심이 앞서 사실 확인을 하지 않고 별주부의 꼬임에 넘어갔다.

머리에 쏘옥

관리들의 태도와 백성들의 생활 형편

(다)에는 포수가 나타났는데도 산짐승들이 포수를 피할 궁리는 하지 않고, 누가 가장 어른인지만 따지고 있습니다. 외적이 나타나 위급한데도, 높은 관리들이 권력 다툼만 하는 모습이 나타나 있습니다.

(라)에서 별주부는 토끼의 간을 빼앗기 위해 수궁에 가면 높은 벼슬을 하면서 벼슬아치들을 부릴 수 있다고 했습니다. 그리고 큰 집에 살면서 좋은 옷을 입고 좋은 음식을 배불리 먹을 수 있다고 속였지요. 이 말을 뒤집어 보면 백성은 관리들에게 속아 목숨까지 빼앗기는 등 괴롭힘을 당하고 있습니다. 그리고 변변치 못한 집에 살면서 제대로 입거나 먹지도 못하는 상태입니다.

'세상에 공짜 점심은 없다'

별주부는 토끼에게 용궁에 가면 용왕 대신 벼슬아치들을 부리며 편히 살 수 있다고 얘기했습니다. 토끼는 우쭐하는 마음과 재물 욕심에 눈이 멀어 아무 의심 없이 별주부의 말에 속았습니다.

토끼가 별주부의 말에 속지 않으려면, 높은 관리가 되어 편히 사는 대신 어떤 대가를 치러야 하는지 물어야 합니다. 세상에는 공짜가 없기 때문이죠.

> 생각이 쑤욱

5 (바)에서, 광리왕은 자기 잘못은 반성하지 않고 공포 정치를 일삼기 때문에 신하들이 수동적으로 움직입니다. 광리왕이 실패하고 돌아온 별주부를 어떻게 대우하면 신하들이 자발적이고 적극적으로 문제 해결에 나설까요?

▲광리왕이 실패하고 돌아온 별주부를 칭찬해야 신하들이 치료약을 찾는 데 적극적으로 나서서 병을 고칠 가능성이 커진다.

머리에 쏘옥

신하들을 자발적으로 움직이게 하는 방법

별주부는 토끼를 찾아 헤매다 온몸에 상처가 난 채, 광리왕의 건강이 걱정되어 돌아왔다고 말합니다.

이때 광리왕은 별주부에게 죄를 물어 왕배탕을 만들 게 아닙니다. 오히려 신하들이 보는 앞에서 구체적으로 칭찬해야 합니다. 왕의 병을 고칠 약을 구하기 위해 자기 몸을 돌보지 않으면서 바깥세상에 다녀오느라 고생했다고 상장을 주면서 칭찬해야지요. 그리고 실패했지만 처음에 약속한 상도 주어야 합니다.

왕이 신하들에게 잘못을 떠넘기지 않고 실패해도 칭찬하면, 관리들은 스스로 문제 해결에 적극 나서게 됩니다.

생각이 쑤욱

6 (마)에서 토끼와 광리왕처럼 속고 속이는 방식으로 문제를 해결하면 발전을 기대하기 어렵습니다. 따라서 협상이 최선인데, 토끼의 입장에서 1분 동안 광리왕을 설득해 보세요.

☞ 광리왕과 토끼 둘 다 살 수 있는 방법을 제시해야 합니다.

▲토끼가 사는 산에는 광리왕의 치료에 도움이 되는 약초가 많다.

머리에 쏘옥

광리왕 설득 방법

광리왕은 죽을병을 고치고 싶어 토끼에게 간을 내놓으라고 합니다. 그런데 토끼가 간을 내 주려면, 배를 갈라야 합니다. 토끼가 죽게 되는 것이죠.

토끼는 광리왕에게 왕의 목숨이 소중한 것처럼, 자신의 목숨도 소중하다고 말해야 합니다. 또 왕이라 해도 다른 이의 생명을 함부로 빼앗으면 죄를 짓는 일이라는 점도 밝혀야 합니다.

그리고 신선이 토끼의 간을 추천한 까닭은, 토끼가 산에서 광리왕의 병 치료에 도움이 되는 온갖 약초를 뜯어 먹고 살기 때문이라고 말합니다. 따라서 신하들과 함께 바깥세상으로 나가 왕의 병을 치료할 약초를 구해 오도록 해 달라고 말합니다.

광리왕이 지금 자신의 간을 먹고 낫더라도 나중에 같은 병에 걸리면 속는 토끼가 없어 고치지 못할 것이라고 덧붙입니다.

생각이 쑤욱

7 『별주부전』의 교훈과 아래 글을 참고해, 국민이 행복하고 안전한 나라를 만들려면 어떤 지도자를 뽑아야 할지 말해 보세요(300~400자).

세종(재위 1418~50)은 사람이 자연 재해를 막을 수는 없지만, 대비하거나 사후 처리를 잘하고 못하고는 사람이 할 수 있다고 했다. 그래서 큰 비가 내리면 물난리가 날 가능성이 있는 곳을 빨리 점검했다. 겨울에 갑자기 날씨가 따뜻해지면 강의 나루터마다 얼음을 깨라고 지시했다. 얼음이 얇아져 사람이 빠질까 염려되었기 때문이다. 흉년이 든 지방의 수령에게는 중앙 정부의 허락을 받지 않고도 구휼미(재난을 당하거나 빈민을 돕는 데 쓰는 쌀)를 즉시 사용할 수 있도록 했다.

<신문 기사 참조>

▲세종은 백성을 위해 항상 재난에 대비했다.

세계
문학

자신에게 주어진 조커를 잘 활용해야

『조커 학교 가기 싫을 때 쓰는 카드』
수지 모건스턴 지음, 문학과지성사 펴냄, 74쪽

줄거리

 노엘 선생님은 새로 부임한 학교에서 첫날 학생들에게 마음대로 쓸 수 있는 '조커' 카드 묶음을 선물합니다. '학교에 가고 싶지 않을 때 쓰는 조커' 등 카드마다 선생님이 경험으로 가르치고 싶은 내용이 담겨 있습니다. 아이들은 나를 위한 조커보다 다른 사람을 위해 조커를 사용하면 더 행복하다는 사실을 깨닫습니다. 하지만 노엘 선생님은 아이들에게 '떠들고 싶을 때 쓰는 조커'나 '학교에 가고 싶지 않을 때 쓰는 조커' 등을 허락하는 바람에 교장 선생님에게 은퇴를 강요당합니다. 노엘 선생님은 결국 샤를르가 선물한 '행복하고 영예로운 은퇴 생활을 위한 조커'를 받은 뒤 학교를 떠납니다.

본문 맛보기

맘대로 할 수 있는 '조커' 카드 꾸러미 선물

▲선생님은 학생들의 책상 위에 카드가 든 선물 꾸러미를 하나씩 올려놓았다.

(가)노엘 선생님은 부임 첫날 학생들에게 '학교에 가고 싶지 않을 때 쓰는 조커', '수업 시간에 잘 때 쓰는 조커' 등 '조커' 표시가 있는 25장의 카드 꾸러미를 선물했다. 카드는 쓰고 싶을 때 선생님께 내면 된다. 선생님은 앞으로 학과 수업과 책, 기술 등 인생이 자신에게 준 모든 것과 천재지변도 선물하겠다고 말했다. 천재지변에는 사랑하는 사람의 죽음도 포함된다고 했다. 선생님은 책을 한 권씩 나눠 주면서 책에 든 역사, 인물, 단어, 문장, 감정을 선물할 거라고 말했다. (13~21쪽)

샤를르는 자기에게 필요한 조커를 친구와 바꿔

▲샤를르는 아침에 잠에서 깨기 어려워 '일어나고 싶지 않을 때 쓰는 조커'를 사용했다.

(나)제일 먼저 조커를 사용한 아이는 샤를르였다. 노엘 선생님이 주신 책을 읽다가 잠을 자지 못했다. 그래서 조커를 쓰겠다고 맘먹은 뒤 10시 30분이 돼서야 등교했다. 샤를르는 선생님의 손바닥에 조커를 올려놓는 순간, 그 조커를 잃었다는 생각으로 섭섭해졌다. 그래서 베랑제르에게 가지고 싶은 조커를 몽땅 줄 테니 '잠자리에서 일어나기 싫을 때 쓰는 조커'와 바꾸자고 했다. 샤를르는 벌써 조커를 거의 다 써 버렸다. 그런데 베랑제르는 비밀 거래 덕분에 점점 더 많은 조커를 모았다. (27~28쪽)

이런 뜻이에요

조커 카드 놀이에서 궁지에 빠졌을 때나 더 큰 이익을 원할 때 쓰는 카드.
천재지변 지진이나 홍수, 태풍 등 자연 현상 때문에 일어나는 재앙.

본문 맛보기

노엘 선생님은 교장 선생님 두려워하지 않아

(다)로랑은 수업이 한창 진행 중일 때, 분위기를 띄울 생각으로, '수업 시간에 춤추고 싶을 때 쓰는 조커'를 썼다. 아이들과 선생님은 춤을 추었다. 때마침 교장 선생님이 교실에 들렀다가 화가 나서 노엘 선생님을 교장실로 불렀다. 아이들은 교장 선생님이 '천재지변'에 해당한다고 말했다. 교장 선생님은 어떻게 하면 사람들에게 공포를 줄 수 있을지 연구하는 사람 같았다. 노엘 선생님은 그런 교장 선생님을 두려워하지 않았다. 선생님이 두려워하는 것은 남을 미워하는 마음 등 이해할 수 없는 일이었다. (29~35쪽)

▲노엘 선생님은 로랑이 내민 '수업 시간에 춤추고 싶을 때 쓰는 조커'를 받은 뒤 춤을 추었다.

살아가려면 인내심이 필요할 때가 있어

(라)선생님과 아이들이 성탄 카드를 부치러 우체국에 갔다. 아이들은 각자 번호표를 뽑고 차례를 기다리면서 무척 지루해했다. 선생님은 살아가려면 인내심이 필요한 일이 많다고 알려 줬다. 선생님과 함께하면서 학교 생활이 즐거워지자, 아이들이 조커를 쓰는 횟수가 줄었다. 선생님은 인생에는 조커가 있다는 사실을 잊지 말라시며, 쓰지 않는 조커는 사라진다고 말했다. 아이들이 다 같이 '떠들고 싶을 때 쓰는 조커'를 쓰는 바람에 선생님은 또 교장실에 불려갔다. 아이들은 교장실 문 아래로 '벌을 받고 싶지 않을 때 쓰는 조커'를 밀어 넣었다. (37~44쪽)

▲아이들이 '떠들고 싶을 때 쓰는 조커'를 쓰는 바람에 노엘 선생님이 다시 교장실로 불려갔다.

본문 맛보기

교장 선생님이 교육법 잘못되었다며 은퇴 강요

▲노엘 선생님은 '자신을 기쁘게 하고 싶을 때 쓰는 조커'를 만들었다.

(마)어느 날 아이들이 '학교에 가고 싶지 않을 때 쓰는 조커'를 써서 등교하지 않았다. 샤를르만 그 조커가 없어서 학교에 갔다. 선생님은 샤를르와 새 조커들을 만들었다. 선생님은 '자신을 기쁘게 하고 싶을 때 쓰는 조커'를 만들면서, 그것을 실천하기가 어려움을 깨달았다. 샤를르는 '사람들을 돕고 싶을 때 쓰는 조커' 등을 만들었다. 노엘 선생님은 아이들에게 도움이 될 만한 수업을 계속 연구했다. 하지만 교장 선생님은 그의 교육법이 잘못됐다며 은퇴를 강요했다. (45~58, 62쪽)

사람은 태어나면서부터 자동으로 조커를 받아

▲선생님은 아이들에게 사람은 태어나면서 자동으로 조커를 갖게 된다고 말씀하셨다.

(바)노엘 선생님은 조커를 사용한 아이들을 높게 평가한다며, 모든 것은 때가 있다고 말했다. 그리고 사람은 태어나면서 자동으로 조커를 갖게 되는데, 어떠한 조커가 있을지 물었다. 아이들은 살기 위한 조커, 책 읽는 법을 배우기 위한 조커 등을 말했다. 선생님은 은퇴 전 수업에서 '내 인생을 이야기하기 위한 조커'란 글자가 적힌 공책을 한 권씩 선물했다. 그때 샤를르가 선생님께 '행복하고 영예로운 은퇴 생활을 위한 조커'를 드렸다. 선생님은 학교를 나와 자신에게 맛있는 식사를 대접하러 쿠스쿠스루아얄 식당에 갔다. (60~68쪽)

생각이 쑤욱

1 (가)에서 노엘 선생님이 학생들에게 궁지에 몰렸을 때 쓸 수 있는 조커 카드 묶음을 선물한 까닭을 추측해 보세요.

▲노엘 선생님은 학생들이 궁지에 몰렸을 때 사용할 수 있는 조커 카드를 선물했다.

2 (나)에서 베랑제르처럼 조커를 사용하지 않고 모으기만 하면 안 되는 이유는 무엇인가요?

▲조커를 쓰면 다양한 경험을 하면서 내면적으로 성장한다.

머리에 쏘옥

조커에 담긴 의미

노엘 선생님이 아이들에게 선물한 조커는 '숙제를 하고 싶지 않을 때 쓰는 조커', '수업 시간에 잘 때 쓰는 조커', '칠판 앞에 나가고 싶지 않을 때 쓰는 조커', '벌을 받고 싶지 않을 때 쓰는 조커', '어떤 사람에게 어리광 부리고 싶을 때 쓰는 조커', '자기 시간을 갖고 싶을 때 쓰는 조커', '거짓말하고 싶을 때 쓰는 조커' 등 25가지입니다.

노엘 선생님은 아이들이 이 조커를 사용하면서 자신을 돌아보는 여유와 살아가는 데 필요한 지혜를 얻기를 바랐을 것입니다.

자신과 주변을 돌아볼 수 있다면 힘든 일을 겪더라도 이겨 낼 힘을 얻을 거예요. 그리고 어려운 가운데서도 보람을 얻으며 행복하게 살 수 있을 것입니다.

| 생각이 쏙

3 (다)를 참고해서, 자신에게 주어진 조커를 사용할 때 주의할 점을 말해 보세요.

▲ '노래를 부르고 싶을 때 부르는 조커'를 쓸 때는 다른 사람에게 방해가 되면 안 된다.

4 (라)에서 지금 자신에게 필요한 조커와 그 이유를 밝히고, 그 조커를 사용한 뒤 자신에게 어떤 변화가 있을지 생각해 보세요.

| 머리에 쏘옥

조커 사용 설명서

게임을 할 때 조커를 쓰면 위기에서 빠져 나올 수 있고, 더 큰 점수를 얻을 수도 있지요. 더구나 지는 상황에서 이길 수 있다면 짜릿한 기분이 들겠지요.

인생도 마찬가지입니다. 누구나 마음에 이러한 조커들을 품고 있지요. 마음속의 조커를 잘 사용하면 행복을 느낄 수 있답니다. 그러니 어려운 환경에서도 특별한 조커를 만들 수 있도록 노력해야 합니다. 예를 들어 '다른 사람에게 기분 나쁜 말을 들어도 상처를 받지 않는 조커', '늘 당당한 마음으로 사는 조커', '다른 사람에게 사랑을 받는 조커' 등이 있습니다.

이들 조커를 품으려면 타인에 대한 이해심, 당당하게 살 수 있는 실력과 자존감을 갖추도록 노력해야 합니다. 그리고 자신이 진심으로 무엇을 원하는지, 어떤 조커를 만들면 자기를 더 발전시킬 수 있을지 고민해야 하지요.

조커는 가꿀수록 더 풍부해지는 특성이 있습니다. 누군가 도움을 원하는 조커를 나에게 썼을 때 들어줬다면, 자신에게도 같은 조커가 생기는 거지요.

조커를 사용하려면 필요할 때를 살피며 쓰는 지혜도 있어야 합니다.

생각이 쑥쑥

5 (마)와 (바)를 참고해, 노엘 선생님이 생각하는 진짜 공부란 무엇인지 아는 대로 이야기해 보세요.

▲노엘 선생님은 살면서 겪게 되는 어려움을 인내할 힘을 키우는 것이 진짜 공부라고 생각해서 아이들을 우체국으로 데려가 차례를 기다리게 했다.

머리에 쏙

노엘 선생님이 생각하는 진짜 공부

　노엘 선생님은 지식 공부를 강요하지 않습니다. 그래서 아이들에게 성적에 얽매이지 않고 창의적이고 자유로운 교육을 실시합니다. 선생님은 그런 교육 방법을 '선물을 준다'고 표현합니다. 인생에서 정말 필요한 것이 무엇인지 알려 주고 싶었던 것이죠.

　노엘 선생님의 반 아이들은 다양한 인생 수업을 통해 삶이 호락호락하지 않으며, 인내심이 많이 필요하다는 사실을 배웁니다. 인내심이야말로 험난한 세상을 살 때 필요한 능력이기 때문이지요. 살다 보면 예상하지 못한 어려움을 겪을 수 있습니다. 하지만 마음에서 '낙심하지 않고 다시 일어나기'와 같은 조커를 꺼내 쓸 수 있다면, 새롭게 일어나 도전할 수 있습니다.

생각이 쑤욱

6 조커가 필요한 사람을 3명만 정해서 선물할 조커를 만들고, 조커를 주는 이유와 기능도 각각 밝히세요.

선물할 사람	①
	②
	③
선물할 조커	①
	②
	③
조커의 기능	①
	②
	③

머리에 쏘옥

가장 값진 조커

아이들은 처음에 자신을 위해 조커를 사용했어요. 그러다 타인을 위해 쓰면 더 기쁘다는 사실을 깨달았어요. 그래서 노엘 선생님이 교장 선생님에게 불려갔을 때 '벌을 받고 싶지 않을 때 쓰는 조커'를 교장실 문틈으로 밀어 넣었지요.

그리고 교실로 돌아온 선생님을 위로하려고 아이들 모두 '선생님에게 뽀뽀하고 싶을 때 쓰는 조커'를 하나씩 내놓으면서 선생님의 볼에 뽀뽀를 했습니다.

샤를르도 타인을 위해 쓰는 조커가 보람이 더 크다는 걸 깨달았어요. 그래서 선생님과 조커 카드를 만들 때 할머니를 생각하며 '나이 든 사람에게 뽀뽀하고 싶을 때 쓰는 조커'와 '아픈 사람을 문병하고 싶을 때 쓰는 조커' 등을 만든 것입니다.

▲아이들이 노엘 선생님을 위로하려고 만든 조커.

생각이 쑤욱

7 아래 글을 참고해 우리나라 어린이들이 삶의 만족도가 떨어지는 이유를 대고, 행복감을 느끼려면 어떤 조커를 써야 할지 말해 보세요(300~400자).

우리나라의 어린이가 느끼는 삶의 만족도가 경제협력개발기구(OECD) 38개 회원국 가운데 36위를 보이는 등 행복감이 낮은 것으로 나타났다. 2018년 현재 삶의 만족도는 6.57점으로, 5년 전인 2013년 조사 때의 6.10점보다는 조금 올랐다. 하지만 경제협력개발기구 회원국 평균인 7.6점보다는 낮았다. 과거보다 물질적으로는 풍요롭지만 적절한 휴식과 놀이, 사회적 관계 형성 기회를 보장 받지 못해서 그렇다. 부모와 함께 보내는 시간이 하루 48분뿐이었다. 이는 경제협력개발기구 평균(2시간 30분)에 훨씬 미치지 못하는 것이다.

<신문 기사 참조>

▲학원과 학교를 오가느라 노는 아이들이 없어서 놀이터가 텅 비어 있다.

※ 경제협력개발기구 세계의 경제 발전과 무역을 촉진하기 위해 1948년 설립한 정부 간 정책 연구 협력 기구. 회원국은 2022년 현재 38개국이다.

친절이 일으키는 기적

『아름다운 아이 줄리안 이야기』

R. J. 팔라시오 지음, 책과콩나무 펴냄, 144쪽

줄거리

줄리안은 변호사인 아버지와 아들의 일에는 항상 앞장서는 어머니 사이에서 부유하게 자랐다. 어느 날 터시먼 교장 선생님이 줄리안과 샬롯, 잭을 불러 새 친구 어기 풀먼이 오면 친절하게 대하라고 부탁하셨다. 어기는 안면 기형이었다. 줄리안은 다섯 살 적에 좀비가 나오는 TV의 영화 광고를 본 충격 때문에 어기를 불편하게 느꼈다. 그래서 그를 괴롭혔다. 그런데 이 사실을 교장 선생님이 알게 되어 정학을 당했지만 잘못을 깨닫지 못했다. 그러다 소아마비 친구의 도움을 받아 목숨을 건진 할머니의 과거 이야기를 듣고, 스스로 얼마나 못된 아이였는지 반성했다.

안면 기형인 어기를 보고 어릴 적 좀비 악몽 떠올라

▲안면 기형인 어기 풀먼은, 줄리안에게 다섯 살 적에 본 TV의 영화 광고에서 튀어나온 좀비의 악몽을 떠올리게 했다.

(가)교장 선생님이 나와 샬롯, 잭을 교장실로 불렀다. 선생님은 우리에게 두개안면 이형으로 온갖 수술을 받느라 정규 학교에는 다녀 본 적이 없는 어기 풀먼이 올 것이라고 말씀하셨다. 그러니 친하게 지내라고 하셨다. 어기를 처음 본 순간, 공포 영화를 보는 듯한 두려움을 느꼈다. 사실 나는 다섯 살 적에 본 TV의 영화 광고에서 별안간 튀어나온 좀비를 본 뒤 야경증이 생겨 소아정신과 치료를 받기까지 했다. 그런데 어기를 만난 바로 그날 밤부터 다시 악몽을 꾸기 시작했다. (10, 18~27쪽)

엄마가 단체 사진에서 어기의 기형 얼굴 지워

▲엄마는 줄리안을 위해 반의 단체 사진에서 어기의 기형 얼굴을 포토샵으로 지웠다.

(나)내가 친구들에게 보여 준 단체 사진에는 어기의 얼굴이 없었다. 엄마가 포토샵으로 지웠기 때문이었다. 샬롯은 이를 못마땅하게 여겼다. 잭은 어기하고만 어울렸다. 그래서 나와 친했던 잭에게 짜증이 났다. 나는 어기를 만진 뒤 오염된 부위를 씻어 내지 않으면 죽는 '전염병 놀이'를 개발했다. 또 어기를 괴물이라고 부르기까지 했다. 어느 날 잭이 나의 입에 주먹을 날렸다. 엄마는 학교에서 어기를 입학시킨 일을 두고, 애들한테 감당할 수 없는 일을 시켜서 이런 일이 일어났다고 하셨다. (38~43쪽)

이런 뜻이에요
두개안면 이형 얼굴이 괴상하게 변하는 병.
야경증 잠을 자다가 반복적으로 공포를 느끼면서 갑작스럽게 깨어나는 증세. 겁에 질려 비명을 지르거나 운다.

본문 맛보기

어기를 놀리는 쪽지 들켜 학교로 부모님 불려가

(다) 나는 잭을 위해 잭을 따돌리자고 말했다. 그리고 잭의 사물함에 '아무도 너를 좋아하지 않는다'고 적은 쪽지를 넣었다. 잭이 쪽지를 보고는 나를 의심했는지, 헨리에게 혹시 줄리안이 쓴 거냐고 물었다. 헨리는 내 패거리 중 하나여서 아무 말도 듣지 못한 척 잭을 무시했다. 그 뒤 부모님은 이사장인 얀센 박사님에게 면담 요청을 받았다. 학교에 오신 부모님은 그동안 내가 어기에게 쓴 쪽지를 확인하셨다. '넌 너무 못생겨서 매일 가면을 써야 돼!', '난 네가 싫어, 괴물아!' 등의 내용이었다. (51~56, 60쪽)

▲줄리안이 쓴 쪽지에는 어기에게 충격을 줄 만한 내용이 가득했다.

정학 풀린 뒤 등교했지만 아무도 반겨 주지 않아

(라) 얀센 박사님은 넘지 말아야 할 선을 넘었다면서, 나에게 학교 폭력을 방지하기 위해 2주간 정학을 내렸다. 엄마는 너무한다고 따졌다. 교장 선생님은 '전염병 놀이' 사건까지 있었다고 말씀하셨다. 교장 선생님은 정학의 목적은 처벌이 아니라, 나에게도 도움을 주려는 것이라고 하셨다. 부모님께는 계속 나의 잘못된 행동을 감싸면, 내가 한 행동의 결과를 스스로 온전히 이해할 수가 없다고 말씀하셨다. 정학이 풀린 뒤 학교에 갔다. 그런데 왠지 친구들에게 따돌림을 당하는 기분이 들었다. (63~71, 83쪽)

▲정학에서 풀린 뒤 등교했지만 아무도 줄리안을 반겨 주지 않았다.

본문 맛보기

소아마비 친구 도움 받아 위기 넘긴 얘기 들려줘

▲2차 세계대전(1939~45) 때 독일군은 유태인을 잡아다 함부로 죽였다.

(마)나는 여름 방학이 끝날 때까지 할머니 댁에 머물렀다. 할머니는 유태인이라는 이유만으로 어릴 때 독일군에게 끌려간 할머니의 엄마와 친구들의 이야기를 해 주셨다. 할머니는 독일군을 피해 도망치다 뚜흐또라는 친구의 도움을 받았다. '뚜흐또'는 소아마비 때문에 게처럼 걸어서 얻은 별명이고, 실제 이름은 나와 같은 줄리안이었다. 뚜흐또는 할머니를 자기 집으로 데려가 2년간 숨겨 주었다. 유태인을 숨겨 주다 들키면 가족 모두 위험한데 말이다. 할머니는 친절에도 용기가 필요하지만, 그것은 목숨을 건 친절이었다고 하셨다. (93~115쪽)

자신이 얼마나 끔찍한 아이였는지 깨달아

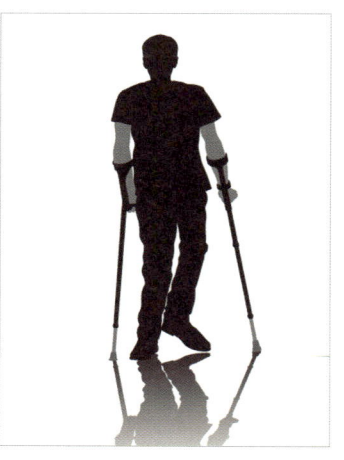
▲할머니는 줄리안이 어기 풀먼에 관한 이야기를 했을 때, 소아마비 장애를 가진 뚜흐또에게 신세를 진 과거 경험을 들려주셨다.

(바)할머니는 전쟁이 끝난 뒤에도 1년을 더 뚜흐또의 부모님과 함께 살았다. 할머니는 두 분이 보여 준 친절을 잊을 수 없다고 하셨다. 나는 내 이름이 왜 줄리안인지 짐작할 수 있었다. 할머니는 내가 어기의 말을 할 때 뚜흐또가 떠올라 가슴이 아팠다고 하셨다. 뚜흐또도 외모 때문에 친구의 놀림을 받았기 때문이다. 할머니의 이야기를 듣고 그동안 내가 얼마나 끔찍한 아이였는지 깨달았다. 그래서 어기에게 사과 편지를 썼다. 엄마도 내가 용기를 낸 것을 대단하다고 말씀해 주셨다. (116~134쪽)

이런 뜻이에요
유태인 히브리어를 사용하고 유대교를 믿는 민족.

생각이 쑤욱

1 (가)를 참고해서, 어기 풀먼에게 친절하게 대하라는 교장 선생님의 말을 듣고도 그를 괴롭힐 수밖에 없었던 줄리안의 입장을 변명해 보세요.

▲줄리안은 TV에 나온 영화 광고에서 갑자기 튀어나온 좀비를 본 뒤 야경증이 생겨 소아정신과 치료를 받은 적이 있다.

2 (다)에서 줄리안이 어기 풀먼에게 쓴 쪽지 내용인 "넌 너무 못생겨서 매일 가면을 써야 돼! 난 네가 싫어, 괴물아!"를 어기에게 친절을 베풀어 용기를 북돋우는 말로 고쳐 보세요.

▲고통스러워하는 친구에게 용기를 북돋우면, 다시 힘을 내게 할 수 있다.

머리에 쏘옥

장애인의 교육 받을 권리를 빼앗으면 어떻게 될까

장애인은 대개 몸의 일부에 장애가 있거나 정신 능력이 원활하지 못해 생활에 어려움을 겪습니다.

장애인은 태어났을 때부터 장애가 있는 선천적 장애인과 사고 등으로 나중에 장애가 생긴 후천적 장애인이 있습니다. 그런데 선천적 장애보다 후천적 장애가 더 많습니다. 누구나 장애를 가질 수 있다는 말입니다.

따라서 어느 나라든 장애인도 사회 구성원으로 당당하게 살 수 있도록 교육의 기회를 부여하고, 복지 혜택을 주는 등 배려를 합니다.

안면 기형 등의 장애 때문에 보기에 불편하다고 학교에 다니지 못하게 한다면, 그 학생은 교육을 받을 기회가 사라집니다. 그래서 자기 재능을 살릴 수 없고, 사회적으로 자기 역할을 못해 누군가에게 기대어 살 수밖에 없습니다. 사회 전체적으로도 생산성이 떨어져 손해가 됩니다. 무엇보다 개인의 인권을 침해하고 행복을 추구할 수 있는 권리를 빼앗게 됩니다.

3 (나)의 밑줄 친 부분에서, 학교마다 엄마의 말씀대로 어기 풀먼과 같은 장애인의 입학을 허가하지 않았을 때의 문제점을 지적하고, 엄마의 잘못된 생각을 고치도록 설득하세요.

▲사람은 휠체어를 탔든 다른 장애가 있든, 누구나 교육을 받을 권리가 있다.

4 (라)에서 얀센 박사님이 말한 넘지 말아야 할 선은 무엇이고, 교장 선생님이 말씀하신 정학의 목적이 무엇인지도 설명하세요.

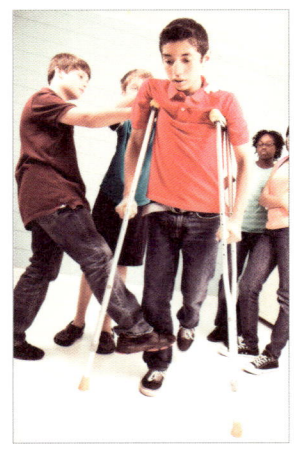

▲친구의 신체적 약점을 놀림의 대상으로 삼으면 인권을 침해하게 된다.

혐오 표현은 심각한 인권 침해 행위

　혐오 표현이란 성별, 장애, 나이, 출신 지역 등을 이유로 개인 또는 집단을 모욕하거나 하찮게 보는 표현입니다. 대상자를 열등하거나 불결한 존재로 여기고, 차별을 통해 이들을 사회나 단체에서 내몰려는 의도가 있습니다. 이 때문에 대상자는 위축감과 공포감, 스트레스를 느낄 수 있지요. 혐오 표현은 헌법에 보장된 인간의 존엄과 가치를 훼손하는 행위입니다. 따라서 안면 기형처럼 자기 노력으로 고칠 수 없는 신체적 약점을 가지고 놀리거나 따돌리면 넘지 말아야 할 선을 넘은 행위이지요.

　정학은 행위의 잘못을 처벌하기 위해 내린 벌칙이 아닙니다. 학생이 정학 기간에 무엇을 잘못했는지 반성하고, 스스로 잘못을 교정하도록 또 다른 배움의 기회를 준 것이지요. 잘못된 행동을 금지한 교칙을 준수해야 한다는 사실을 깨닫게 하려는 목적도 있습니다.

생각이 쑤욱

5 아래 제시한 글은 줄리안이 잘못을 깨닫고 어기 풀먼에게 쓴 사과 편지의 내용입니다. 어기의 입장에서 줄리안에게 용서와 화해의 내용이 들어간 답장을 써 보세요.

☞ 줄리안처럼 상처를 준 친구에게 사과하는 내용의 편지를 써도 좋습니다.

> 어기에게
>
> 　작년에 너에게 한 행동을 사과하고 싶어. 그동안 생각 많이 했다. 너는 그럴 일을 당할 아이가 아니었어. 돌이킬 수만 있다면 얼마나 좋을까. 그럼 너에게 더 잘해 줄 텐데. 네가 일흔 살이 됐을 때 내가 얼마나 못된 아이였는지 기억하지 않았으면 좋겠다. 평생토록 잘 살기를.
>
> 　　　　　　　　　　　　　줄리안으로부터

머리에 쏘옥

사과 편지를 쓰는 방법

　사과 편지는 상대의 닫힌 마음을 열어 주는 열쇠가 될 수 있습니다. 그래서 쓰는 사람의 진심이 잘 드러나게 해야 하지요. 특히 용서를 구하는 편지에는 자신의 잘못을 인정하고 반성하는 내용과 사과하는 말을 꼭 넣어야 합니다. 마지못해 하는 사과는 상대의 마음을 더 다치게 할 수 있습니다.

　사과 편지를 받은 경우 용서와 화해의 내용이 들어간 답장을 쓰면 좋습니다. 누구나 실수할 수 있으니 이해한다는 내용이면 좋지요. 답장을 쓰지 않으면 용기를 내서 사과했는데, 상대의 마음도 다쳐서 사이가 더 벌어질 수 있습니다.

　편지의 끝 부분에는 앞으로 서로 존중하면서 친하게 지내자는 말로 맺으면 됩니다.

▲진심이 담긴 사과는 상대방의 상처 받은 마음을 풀어 줄 수 있다.

생각이 쑤욱

6 줄리안의 패거리에게 따돌림을 당하는 잭을 보고도 헨리가 외면한 까닭을 추측해 보고, 헨리가 상황을 바로잡으려면 어떻게 행동해야 할지 말해 보세요.

☞ (마)에서 줄리안의 할머니가 친절을 베풀려면 때론 목숨을 건 용기가 필요하다고 말한 까닭을 예로 드세요.

▲잭이 헨리에게 자신의 사물함에 쪽지를 넣은 친구가 줄리안이냐고 물었을 때, 헨리는 사실을 알고도 대답하지 않았다.

머리에 쏘옥

잘못된 상황을 바로잡는 용기

헨리는 줄리안과 같은 패거리이기 때문에 줄리안이 잭에게 잘못을 저질렀는데도 사실을 알리지 않았어요. 이렇게 되면 줄리안은 자신의 잘못을 깨닫지 못하고 어기 풀먼과 잭에게 점점 더 나쁜 짓을 저지르게 됩니다. 그리고 나중에 어른이 되어서도 문제를 같은 방법으로 해결하려고 들 것입니다.

학교 폭력이 발생했을 때 자기에게 피해가 없다고 방관하면 결국 자신이 피해자가 되어도 도와주는 사람이 없게 됩니다.

상황을 바로잡으려면 헨리가 잭에게 줄리안이 쪽지를 넣었다고 말해야 합니다. 아니면 줄리안에게 자신의 잘못을 스스로 고백하도록 설득해야 해야 합니다. 그래도 상황이 바로잡히지 않으면 담임 선생님에게 사실을 이야기합니다.

헨리는 줄리안의 패거리에게 배신자로 낙인이 찍혀 따돌림을 당할 가능성이 큽니다. 하지만 헨리가 용기를 낸다면 아무 잘못도 없이 장애가 있다는 이유만으로 상처를 받는 어기와 어기를 지켜주려는 잭을 보호할 수 있습니다. 나아가 같은 일이 다시 일어나지 않게 막을 수 있습니다.

▲헨리가 용기를 내면 학교 폭력을 막을 수 있다.

생각이 쑤욱

7 아래 글을 참고해, 학교 생활을 행복하고 보람 있게 하려면 학생들이 따돌리고 경쟁하기보다는 서로에게 친절을 베푸는 것이 더 중요함을 논술하세요(300~400자).

코로나19는 세계적으로 친절 전염병을 확산시켰다. 멀리 떨어져 있어도 서로 돕고 다른 사람과 연결하는 길을 찾아냈다. 면역력이 떨어진 이웃에게 식품을 전달하고, 외로운 노인과 온라인으로 소통했다. 도움이 필요한 사람을 위해 기부 캠페인도 펼쳤다. 이처럼 재난은 혼자서도 살 수 있다는 생각이 잘못되었으며, 서로에게 의존하고 있다는 점을 깨닫게 했다. 또 인간이 연약함을 공유하고 있으며, 그 연약함이 곧 인간다움이라는 사실도 드러냈다. 이 때문에 위기가 닥쳤을 때 사람들은 모르는 사람을 열심히 돕는 것이다.

▲도움이 필요한 사람들에게 기부하는 일도 친절을 베푸는 것이다.

<신문 기사 참조>

초등학생 문해독서 중급 4호 답안과 풀이

01. 『집에서 만나는 알쏭달쏭 흥미로운 과학 이야기 돋보기 군, 우리 집에서 과학을 찾아줘!』

♣11쪽

1. 예시 답안

정전기는 성질이 다른 물질을 서로 문지를 때 생긴다. 달리 말해 물체끼리 마찰할 때 일어나는데, 습도가 낮을 때 많이 생긴다. 따라서 정전기를 예방하려면 습도를 50~60퍼센트 수준으로 유지해야 한다. 그리고 시간을 정해 놓고 창문을 열어 실내의 공기를 자주 바꿔 줘야 한다.

2. 예시 답안

이산화탄소는 물질이 타지 못하게 막는 성질이 있어서 소화기를 만들 때 쓰인다. 이산화탄소를 얼리면 드라이아이스가 되는데, 드라이아이스는 음식을 차가운 상태로 보관하는 냉각제로 쓰인다. 이산화탄소를 녹이려고 압력을 가해 음료수에 넣으면 톡 쏘는 맛이 나는 탄산음료가 된다. 속이 메스꺼울 때 먹는 액체 소화제를 만드는 데도 이용된다.

♣12쪽

3. 예시 답안

전자파의 좋은 점은 마이크로파라는 전자파를 이용하면 불을 이용하지 않고도 음식을 덥히거나 익힐 수 있다. 전자파의 나쁜 점은 전자제품에서 나오는 전자파를 허용 기준치가 넘게 맞으면 뇌종양이나 백혈병에 걸릴 확률이 높다. 임산부의 기형아 출산율이 높다는 연구 보고도 있다.

4. 예시 답안

과학이 실생활에서 어떻게 이용되는지 공부해야 하는 까닭은 과학을 알면 위험한 상황을 피할 수 있기 때문이다. 예를 들어 청소할 때 락스와 산성 세제를 섞어 쓰면 유독 가스가 나와 질식할 수 있다. 이를 공부해서 미리 안다면 이런 행동을 하지 않아 위험에서 자신의 건강과 생명을 지킬 수 있다. 또 유리와 은, 구리, 도료로 거울을 만드는 것처럼 여러 재료의 특징을 공부해 실생활에 필요한 물건도 만들 수 있다.

♣13쪽

5. 예시 답안

정부와 기업이 과학 기술을 발전시키기 위해 끊임없이 투자해야 하는 이유는 사람들의 삶을 편리하게 해 주고 국가 경제의 발전에도 도움을 주기 때문이다. 2020년 2월 코로나19의 감염 여부를 6시간 만에 알 수 있는 진단 키트를 국산 기술로 개발해 170여 개국에 수출할 수 있었다. 그리고 대한민국을 세계에 알리는 기회가 되었다. 또 세계 40여 개 나라에 열차를 수출한 것도 우리 과학 기술의 힘이 어느 정도인지를 알게 해 준다.

♣14쪽

6. 예시 답안

학생들이 어려서부터 과학적 흥미를 느끼게 하려면 과학 이론을 배우는 수업보다는 실험을 통해 해결 방안을 찾아내는 수업을 해야 한다. 학생들은 가만히 앉아서 듣는 수업보다 직접 실험하는 수업에 재미를 느낄 수밖에 없고, 그렇게 되면 과학을 좋아하게 될 것이다. 과학 영재 교육 방식도 기후나 에너지의 변화, 바이러스의 공격, 인공 지능 등 미래 사회가 해결해야 할 문제로 정해서 동기를 유발해야 한다.

♣15쪽

7. 예시 답안

▶결막염에 걸려서 안과에 간 적이 있다. 안과에서 처방해 준 안약을 눈에 넣으려는데, 눈이 자꾸만 깜빡였다. 일부러 눈을 감은 것도 아닌데, 엄마는 눈을 깜빡이지 말라면서 나만 혼냈다. 결국 엄마가 손으로 내 눈을 억지로 뜨게 한 뒤 안약을 넣었다. 문득 치과에서 치료를 받을 때 입을 다물지 못하도록 사용하는 도구가 생각났다. 그것처럼 안약을 넣을 때도 눈을 감지 못하게 하는 도구를 쓰면 좋겠다는 생각이 들었다. 만드는 방법은 다음과 같다. 먼저 윗눈꺼풀과 아래눈꺼풀이 깜빡이지 못하게 다리를 만들어 고정시킨다. 가운데는 안약이 든 병을 넣을 수 있게 구멍을 뚫는다. 이때 어린이용과 어른용은 크기에 차이를 두어야 한다.

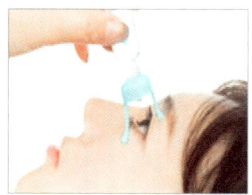
▲안약을 넣을 때 눈이 감기지 않게 만드는 도구.

▶평소 비누 받침대를 이용할 때 받침대 아래에 모이는 물을 따로 버려야 하는 번거로움이 있었다. 또 비누를 놓는 곳과 젖은 비누에서 나오는 물을 버리는 곳도 따로 청소해야 해 불편했다. 비누 받침대를 만들 때 물이 세면대로 곧바로 떨어지도록 평평한 플라스틱을 안쪽으로 구부려 비스듬하게 설치하면 이런 불편함을 해결할 수 있을 것이라고 생각했다. 뚜껑을 열어놓은 페트병을 입구 쪽에서 10센티미터 정도 잘라 세면대 가까운 데 붙인다고 생각하면 된다. 평평한 플라스틱을 구부리면 되므로, 길게 만들어 비눗물이 세면대로 떨어지게 하는 것이 핵심이다. 완성되면 세면대 가까이에 있는 거울이나 타일에 붙일 수 있게 강력 접착 테이프를 붙여 준다.

▲비누 받침대.

02. 『지구에서 절대로 사라지면 안 될 다섯 가지 생물』

♣21쪽

1. 예시 답안

식물 플랑크톤은 광합성을 하면서 신선한 공기를 내뿜는다. 물속에서 이산화탄소를 호흡한 뒤 산소를 만들어 낸다. 그렇기 때문에 사람도 신선한 공기를 마실 수 있다. 또 도자기의 재료, 석유나 가스, 시멘트의 원료로 쓰이는 물질이 되는 식물 플랑크톤도 있다. 클로렐라와 스피룰리나와 같은 식물 플랑크톤은 영양이 풍부해 노화를 방지하고, 갖가지 병을 예방하는 등 사람에게 도움을 준다.

2. 예시 답안

식물 플랑크톤이 너무 많아지면 물고기가 숨을 쉬기 어렵다. 특히 붉은 플랑크톤은 대개 독성을 띠기 때문에 물고기가 떼죽음하기도 한다. 식물 플랑크톤이 필요 이상으로 늘어나지 않게 하려면 가정에서

초등학생 문해독서 중급 4호 답안과 풀이

세탁 세제와 주방 세제 등 합성 세제를 적게 써야 한다. 또 조금 비싸더라도 친환경 세제를 사용한다.

♣22쪽

3. 예시 답안

　세균과 바이러스가 없으면 동물이 죽어도 썩지 않아서 여기저기서 사체가 방치된 모습을 볼 수 있을 것이다. 식물은 대개 썩어서 거름이 되는데 균과 바이러스가 없으면 비료를 더 많이 써야 할 것이다. 또 세균과 바이러스는 사람이 버린 온갖 쓰레기와 생활 하수, 공장과 농장에서 나오는 폐수도 분해해 깨끗하게 만들어 준다. 따라서 세균과 바이러스가 없으면 환경 오염과 수질 오염이 심해진다.

4. 예시 답안

　환경 단체들이 "꿀벌이 사라지면 인류도 4년 안에 멸망할 것."이라고 말한 까닭은 꿀벌이 사라지면 인류도 식량난으로 생존에 어려움을 겪는다는 뜻이다. 인류가 먹는 과일과 채소는 가루받이가 되어야 열매를 맺는다. 꿀벌은 식물의 가루받이를 가장 많이 하는 곤충이다. 따라서 벌이 사라지면 과일과 채소의 수확량이 부족해진다. 꿀벌을 지키려면 나무와 꽃을 많이 심어 꿀벌이 많이 찾게 한다. 그리고 도시에서도 양봉을 하는 방법이 있다. 농사를 지을 때는 벌이 죽지 않도록 살충제 성분이 들어간 농약을 쓰지 말고, 친환경 농약을 사용한다.

♣23쪽

5. 예시 답안

　오늘날 박쥐 등 동물이 옮기는 감염병이 늘어나는 까닭은 예전과 달리 사람과 동물이 접촉할 기회가 늘어났기 때문이다. 또한 좁은 공간에서 가축을 대량으로 키우는 것도 가축의 면역력을 떨어지게 만들어 감염병이 늘어나게 만들었다. 사람들이 야생 동물을 무분별하게 잡아먹거나 털과 가죽을 이용하는 일이 끊이지 않는 이유도 있다.

♣24쪽

6. 예시 답안

　인류가 만물의 영장인 까닭은 인간만이 도덕적으로 생각하고, 규범을 정한 뒤 그것을 따르는 존재이기 때문이다. 따라서 인류가 '만물의 영장' 자격을 지키려면 지구와 모든 생명에게 보탬이 되는 일을 해야 한다. 다른 생물들이 잘살 수 있도록 바르게 판단하고, 살기 좋은 환경을 만들어 주어야 한다. 인류가 지구와 모든 생명을 위하는 길은, 당장 실천할 수 있는 작은 일부터 하나씩 하는 것이다. 그러한 방법에는 친환경 제품을 이용하고, 쓰레기를 버리지 않는 습관을 들이는 것 등이 있다.

♣25쪽

7. 예시 답안

　일본이 2021년 4월 13일 후쿠시마원자력발전소의 방사능 오염수를 2년 뒤부터 바다에 흘려보내기로 결정했다. 하지만 오염수를 바다로 흘려보낼 경우 우리나라와 중국, 대만 등 이웃 나라에도 피해를 줄 수 있다. 방사능 오염수가 수산업에 큰 피해를 주고, 바다의 생태계를 파괴해 인류의 생존을 위협할 수 있다. 사람이 방사능에 오염된 가축이나 물고기를 먹으면, 방사능 물질이 몸속에 쌓여 유전자가 변형되고, 갑상선암에 걸릴 가능성이 커진다. 그런데도 일본은 우리나라와 중국 등 이웃 나라와 의논하지도 않고 일방적으로 오염수를 방류하겠다는 계획을 밝혔다. 일본은 비용이 많이 들더라도 방사능 오염수를 바다에 흘려보내지 말고 다른 방법을 찾아야 한다.

03. 『미래가 온다 스마트 시티』

♣31쪽

1. 예시 답안

	특징
(가)	스마트 시티 곳곳에는 여러 가지 센서가 설치돼 있는데, 센서들은 서로 무선 통신망으로 연결되어 데이터를 주고받는다.
(나)	스마트 시티는 굶주림과 에너지 부족 문제가 없는 등 시민을 행복하고 편안하게 해 주는 곳이다.
(다)	최고의 스마트 시티를 건설하려면 도시 전체와 개인의 디지털 트윈을 만들어야 한다.
(라)	스마트 시티에서는 학교 왕따가 없고, 아이들이 놀 때 생기는 에너지로 전기를 만들며, 인공 지능과 로봇이 농사를 짓는다.

2. 예시 답안

　장점은 데이터를 분석해 몸에 이상이 있을 때 미리 찾아내 치료할 수 있다. 이미 병이 생겼을 때도 디지털 트윈을 통해 해당 환자에게 어떤 치료가 좋은지 알아보고, 맞춤 치료를 할 수 있다. 단점은 데이터를 많이 사용하는 만큼 오작동 확률이 있다. 사람을 디지털 트윈으로 만드는 비용도 비싸다. 또 누군가 다른 사람의 생체 정보를 해킹해 범죄에 악용할 수도 있다.

♣32쪽

3. 예시 답안

　스마트 시티에서는 사물 인터넷과 인공 지능이 아이들을 위협하는 나쁜 소리를 감지하기 때문에 왕따 문제를 막을 수 있다. 또 센서들을 이용해 범죄를 예방하고, 범죄가 일어나도 범인을 금방 잡을 수 있다.

4. 예시 답안

　스마트 시티에서는 땅이 없어도 건물에서 농사를 지을 수 있다. 따라서 날씨나 기후에 영향을 받지 않고 1년 내내 원하는 작물을 재배해 식량을 생산할 수 있다. 그리고 인공 지능 기술을 이용해 작물 재배에 가장 적합한 환경을 만들어 주기 때문에, 생산량도 많다. 스마트 시티는 아이들이 학교 교실이나 운동장, 놀이터에서 뛰놀 때 생기는 운동 에너지로 전기를 만들어 화석 연료가 적게 쓰인다. 도시 어딘가에 전기가 남거나 모자라면 필요한 곳에 저절로 보내져 에너지 낭비가 없다. 교통 체증이 없어 에너지가 추가로 들어가지도 않는다. 땅에서 농사를 지을 때 생기는 온실가스도 생기지 않는다. 그만큼 지구 온

초등학생 문해독서 중급 4호 답안과 풀이

난화 걱정을 덜 수 있다는 말이다.

♣ 33쪽
5. 예시 답안

스마트 시티에서 자동차가 모두 자율 주행차로 바뀌면 교통 혼잡 비용이 사라지고, 교통 사고도 줄어든다. 어린이나 장애인, 노인 등 교통 약자도 사라진다. 자율 주행차는 목적지만 정하면 스스로 알아서 움직이므로 운전 면허증도 필요가 없다.

♣ 34쪽
6. 예시 답안

스마트 시티의 센서 정보는 해킹을 당할 수도 있고, 관리하는 사람이 개인 정보를 빼내 팔 수도 있다. 센서가 오작동할 가능성도 있다. 국가는 관련 업무를 볼 책임자를 두어야 한다. 그래서 적법한 방법으로 개인 정보를 수집하고 목적 외에 이용하지 못하게 막아야 한다. 개인 정보를 암호화하고 다른 사람의 접근을 통제하는 것도 하나의 방법이다. 개인은 자신의 개인 정보가 유출되지 않도록 노력해야 한다. 또 비밀번호나 아이디를 수시로 바꿔야 한다.

♣ 35쪽
7. 예시 답안

나는 미래 세대의 걱정을 덜어 줄, 지속 가능한 스마트 시티를 만들 것이다. 예를 들어 서울시 양천구가 '제로 에너지 공원 사업'을 추진한 것처럼 말이다. 이 사업의 목표는 양천구에 있는 126개 모든 공원에 태양과 바람, 지열 등의 신재생 에너지를 생산할 수 있는 설비를 만드는 것이다. 거리에 쓰레기를 버리는 사람이 있으면 센서가 자동으로 이를 알아차리고 쓰레기를 버리지 말라는 소리를 내보낸다. 또 가로수에도 센서를 달아 수분이 부족할 때 주변에 설치한 인공 지능 물통이 물을 주도록 할 것이다. 그리고 가정에서 사용한 물은 가정에서 자체 정화되는 시스템을 만들어 수질 오염과 물의 낭비도 막을 것이다.

04.『우리 역사에 숨어 있는 인권 존중의 씨앗』

♣ 41쪽
1. 예시 답안

인권이란 인종과 장애, 학벌 등에 상관없이 사람이면 누구나 당연히 누려야 하는 기본 권리를 말한다. 예를 들어 외국인 노동자의 좋지 않은 주거 환경과 의료 서비스 문제를 개선하는 일, 버스의 문턱을 낮춰 장애인도 휠체어를 타고 이동할 수 있게 하는 일 등이 있다.

2. 예시 답안

진제장은 오늘날 정부나 사회 복지 단체 등이 운영하는 무료 급식소와 도시락 배달, 아동 급식 카드 등으로 존재한다.

♣ 42쪽
3. 예시 답안

신분 제도는 한번 정해지면 벗어나기 어렵다. 부모가 노비면 태어난 자식도 노비가 된다. 이러한 신분 제도가 오늘날에도 유지되었다면 국가의 발전을 기대하기 어려웠을 것이다. 노비가 아무리 좋은 기술을 개발해도 혜택이 주인에게 돌아가 능력을 개발할 의욕이 사라지기 때문이다. 또 노비 등 피지배층은 나라를 위해 자신의 능력을 발휘하거나 발전시킬 기회조차 얻을 수 없을 것이다.

4. 예시 답안

국가에서 가난한 사람들을 무료로 치료하고 약을 나눠 주지 않으면 돈이 없어 치료하지 못하는 사람이 생긴다. 예를 들어 코로나19의 예방 접종 비용과 치료비가 비싸면 가난한 사람은 포기할 수 있어서 국가에서 코로나19 예방 접종을 무료로 한 것이다. 부자들만 코로나19 예방 접종을 받는다면, 감염병을 막을 수 없어 나라 전체가 혼란에 빠진다.

♣ 43쪽
5. 예시 답안

오늘날의 효도란 부모님의 마음과 몸을 편안하게 해 드리는 일이다. 핵가족 시대에는 대개 부모와 자식이 따로 살기 때문에 부모를 집에서 모시기 어렵다. 그래서 노인 돌봄 시설에 모시고 자주 연락하거나 주말에 찾아뵙는 등 옛날과 다른 방식으로 효도를 하기도 한다. 어린이는 집안일을 돕고 건강하게 지내는 것도 효도이다. 스스로 공부하고 준비물을 챙겨도 부모님의 걱정을 끼쳐 드리지 않는 일이므로 효도에 속한다.

♣ 44쪽
6. 예시 답안

3심제는 같은 사건을 놓고 세 번의 심판을 받을 수 있도록 한 제도이다. 1심은 지방 법원, 2심은 고등 법원, 최종 판결은 대법원에서 맡는다. 재판을 받는 사람이 1심 판결을 받아들일 수 없을 경우 2심을 청구할 수 있다. 오늘날에도 3심제를 운영하는 이유는 억울한 사람에게 다시 재판을 받을 수 있는 기회를 주기 위함이다. 과학이 아무리 발전했어도 범죄 수단이나 방법이 교묘하고, 재판할 때 재판관의 심리 상태가 영향을 줄 수 있기 때문이다. 법원도 잘못된 판결을 스스로 바로잡을 수 있고, 재판을 신중하게 하게 된다.

♣ 45쪽
7. 예시 답안

나라에 가난한 사람을 위한 복지 제도가 없으면 기사에 나온 A씨처럼 돈이 없어서 난방비와 전기료, 의료 보험비를 내지 못한다. 그러면 아파도 치료를 포기해야 하고, 겨울에 추워도 난방을 하지 않는 곳에서 지내다 병을 얻을 수 있다. 또 먹을 것이 없어서 굶어 죽는 사람도 생긴다. 우리나라는 국가에서 생활이 어려운 사람들에게 생계비와 주거비, 교육비, 의료비를 제공해 기본적 생활을 보장한다. 가장이 사고를 당하는 등 갑작스럽게 닥친 위기로 생계가 어려울 경우, 일정 기간 정부의 생계비 지원을 받을 수 있다. 이러한 도움은 자기가 사는 지역의 주민 센터에 가서 도움을 청하면 된다. 이렇게 하면 구청과 주민 센터는 국민기초생활수급자로 지정하거나 긴급 복지 대상자로 선정해 생활비를 지원한다.

05. 『가짜 뉴스를 시작하겠습니다』

♣51쪽

1. 예시 답안
주디처럼 개인 방송을 하는 사람이 늘어나면, 콘텐츠를 만드는 사람들이 양질의 콘텐츠를 만들기 위해 애쓰게 된다. 콘텐츠의 품질을 높여야 이용자들이 늘기 때문이다. 콘텐츠 이용자는 역사, 과학, 영어, 음악 등 다양한 분야의 궁금한 내용을 개인 방송 콘텐츠에서 쉽게 찾아볼 수 있어 편리하다. 또 아동 학대처럼 사회에 알려야 할 문제가 생길 경우 영상을 통해 널리 알려 문제를 해결할 수도 있다.

2. 예시 답안
개인 방송 운영자는 공정하고 객관적인 정보를 내보내야 한다. 공정한 정보란 한쪽으로 치우치지 않는 정보를 말하고, 객관적인 정보는 사실을 그대로 전하는 정보를 말한다. 방송은 여러 사람에게 동시에 전달되므로 잘못된 정보를 내보내면 상대가 회복하기 어려운 마음의 상처를 받게 된다. 그런데 주디는 진미가 주디의 방송을 봤을 때 얼마나 속상할지 생각하지 않았다. 주디의 방송을 본 친구들이 진미를 놀리고 학교에서 나쁜 소문을 낼 수도 있는데, 그런 점은 생각하지도 않고 질투심에 사로잡혀 공정하지 못하고 객관적이지 않은 방송을 내보냈다.

♣52쪽

3. 예시 답안
주디처럼 인기만 끌려고 1인 방송을 할 경우 여러 문제가 생긴다. 예를 들어 먹방의 경우, 몸에 좋지 않은 음식을 계속 먹게 되고, 맛있게 먹는 모습을 보여 주기 위해 많은 음식을 먹게 돼 건강에 해롭다. 또 인기를 끌기 위해 거짓으로 가게를 고발하는 내용의 뉴스를 내보내면, 잘못도 없는 가게가 문을 닫고 일자리를 잃는 사람이 생길 수도 있다.

4. 예시 답안
진미가 주디의 가짜 뉴스를 바로잡으려면 단톡방을 나가지 말고 주디에게 영상에 나오는 내용이 가짜 뉴스라는 사실을 밝히도록 설득해야 했다. 그리고 영상이 더 퍼지기 전에 빨리 내리도록 하고, 바로잡는 영상을 올리라는 글을 남겨야 한다.

♣53쪽

5. 예시 답안

영역	피해 사례
개인	명예가 훼손되어 마음의 상처를 받고 경제적인 피해도 생긴다.
사회	사회는 가짜 뉴스가 넘쳐날 때 어떤 게 진실인지 몰라 혼란에 빠진다. 예를 들어 인터넷에 올린 거짓 코로나19 치료법을 본 사람들이 그대로 했다가 해를 입기도 한다.
정치	정치인도 가짜 뉴스 때문에 피해를 본다. 후보자들은 선거에서 이기기 위해 상대에 관련된 가짜 뉴스를 퍼뜨린다. 그러면 상대도 가짜 뉴스를 만든다. 이렇게 되면 투표를 해야 하는 유권자들이 혼란에 빠진다.

♣54쪽

6. 예시 답안
인터넷에 가짜 정보를 올리는 사람이 늘어나고 있다. 예를 들어 유튜버가 물건을 협찬 받아서 하는 광고인데도 아닌 척하고 품질을 좋게 홍보해서 소비자들에게 사도록 한다. 물건을 산 가게에 개인적으로 나쁜 감정을 가지고 진짜 정보와 가짜 정보를 섞어 내보내 가게에 손해를 끼치는 일도 있다. 이렇게 되면 장사가 안 되어 그 가게가 문을 닫거나, 누군가 일자리를 잃을 수 있다. 가게가 문을 닫으면 그 가게에 물건을 공급하던 사람들도 피해를 본다.

♣55쪽

7. 예시 답안
가짜 뉴스는 터무니없는 내용이지만 인터넷을 통해 빠르게 퍼져 사람들이 사실처럼 믿게 되는 경우가 많다. 이렇게 되면 개인에게는 돌이킬 수 없는 마음의 상처를 주고, 경제적 피해도 생길 수 있다. 어떤 가게에 관해 가짜 뉴스를 올렸다가 가게에 피해를 줄 수도 있다. 문제는 나도 모르게 인터넷에서 가짜 뉴스를 보고, 다른 곳에 퍼뜨릴 수 있다는 점이다. 초등학생 입장에서 이러한 가짜 뉴스에 속지 않으려면 인터넷에서 접하거나 퍼 나르는 정보가 사실인지 확인하는 습관을 들여야 한다. 뉴스가 사실인지 아닌지 알 수 있는 능력도 길러야 한다. 그러기 위해서는 다양한 분야의 책과 신문을 읽어 지식을 넓혀야 하고, 정보를 검색해 비교해 보는 습관도 들여야 한다.

06. 『정약용 아저씨의 책 읽는 밥상』

♣61쪽

1. 예시 답안
준서처럼 일등에 최고의 가치를 두고 학벌만 중시하면서 자라면 어른이 되었을 때, 외로움을 느낄 수 있다. 친구를 경쟁자로 여겨 진정한 친구를 사귈 수 없기 때문이다. 또한 자신이 좋은 대학을 나오거나 좋은 직장에 다닌다고 해서 훌륭하다는 잘못된 믿음을 가져 됨됨이가 괜찮은 사람으로 성장할 수도 없다.

2. 예시 답안
내가 근검절약해서 1년간 돈을 모았을 경우에는 일부는 연말에 어려운 이웃을 돕는 데 내고, 나머지는 예금통장에 넣어둘 것이다. / 10년간 돈을 모았을 경우에는 세계 여행을 하면서 다양한 경험을 하고 싶다.

♣62쪽

3. 예시 답안

초등학생 문해독서 중급 4호 답안과 풀이

'모든 사람은 다 관계로 엮여 있다'는 말은 모든 사람은 태어나면서부터 공동체 안에서 누군가와 관계를 맺으면서 살아간다는 뜻이다. 나는 태어난 뒤 부모님, 동생, 친척들과 관계를 맺었고, 친구와 이웃사람, 선생님들과 관계를 맺으며 자랐다. 앞으로도 다양한 사람과 관계를 맺으며 성장하게 될 것이다. 이런 관계에서 누군가 나를 자신처럼 아껴 준다면 감동을 느끼고, 나 자신이 소중한 사람이라 여길 것이다. 그런 감동을 받은 뒤에는 나도 그런 감동을 누군가에게 느끼게 해 주려고 정성을 다하면서 행복감을 느낄 것이다.

4. 예시 답안

인성 교육이란 학생의 생각을 바르고 건전하게 가꾸며 타인과 공동체, 자연과 더불어 사는 데 필요한 성품을 기르는 교육을 말한다. 인성 교육이 중요한 까닭은 건전하고 올바른 인성을 갖춘 시민으로 만드는 데 목적이 있기 때문이다. 입시 위주의 교육을 하기 때문에 지나친 경쟁심과 이기심으로 가득하고, 학교 폭력도 일어난다. 이렇게 성장하면 사람들끼리 서로 믿지 못하고 갈등하게 되어 사회가 발전하지 못한다. 우리 사회가 발전하려면 학교에서 타인을 배려할 줄 아는 시민을 길러 내야 한다.

♣63쪽

5. 예시 답안

아저씨와 생활하기 전의 준서	아저씨와 생활하고 난 후의 준서
-자신이 할 일을 엄마가 대신해 주었는데, 그것을 당연하게 여겼다. -일등을 하기 위해 공부했다.	-자신이 할 일을 스스로 찾아 하기 시작했다. -진짜 공부는 나를 성장시키고 공동체를 이롭게 하기 위해 하는 것임을 알았다.
내가 생각하는 바람직한 공부의 목적	
내가 생각하는 바람직한 공부의 목적은 다른 사람을 이기기 위해서나 부모님께 선물을 받기 위해서가 아니다. 살아가는 데 필요한 지혜를 키우기 위한 공부가 바람직한 공부라고 생각한다. 그러려면 인격을 향상시키고, 주어진 문제를 현명하게 해결할 수 있는 공부를 해야 한다.	

♣64쪽

6. 예시 답안

'재물을 가장 오래 보존하는 최고의 방법은 곧 남에게 베푸는 것이다.'라는 말은 경주 최부잣집처럼 대를 이어 나눔을 실천하는 따뜻한 마음을 물려주는 것을 뜻한다. 그럴 때 세상을 살기 좋게 만들 수 있고, 세상 사람들의 존경을 받을 수 있기 때문이다. 준서네 가족이 깨달은 보람 있고 행복한 삶의 태도는 작자 주어진 시간을 의미 있게 보내려고 노력하는 것이다. 그럴 때 성적이나 돈벌이에만 얽매이지 않고, 의미 있는 삶을 통해 기쁨을 느낄 수 있기 때문이다.

♣65쪽

7. 예시 답안

나에게는 원하는 물건을 갖기 위해 욕심을 부리는 단점이 있다. 경쟁은 아무도 행복하게 해 주지 않는다. 경쟁에서 이기는 사람이 있으면 지는 사람도 생기게 된다. 그런데 사람들은 매사에 이기려고만 한다. 이런 마음이 나에게도 있다. 항상 친구와 나를 비교하고, 원하는 물건을 나는 갖지 못하고 친구는 가졌다면 속상해한다. 원하는 물건을 갖기 위해 욕심을 부리는 버릇을 고쳐야겠다. 물건을 가지려고 하기보다 독서를 통해 인격을 향상시키고 삶의 지혜를 얻기 위해 노력해야겠다. 성실하게 노력하는 태도는 나의 장점이다. 인격을 향상시키고 삶의 지혜를 얻으려면 좋은 책을 꾸준히 읽어야 한다. 날마다 책을 읽고 정리하고 생각하는 시간을 갖도록 노력해야겠다.

07. 『공정 : 내가 케이크를 나눈다면』

♣71쪽

1. 예시 답안

작고 어리며 몸도 아픈 사람을 배려하는 것이 옳기 때문이다. 모든 사람에게 음식이 주어져야 올바르다. 그런데 작고 어리며 몸도 아픈 사람은 먹을 것을 얻을 수 있는 능력이 부족하다. 따라서 그에게 더 많은 빵을 주면, 남겨 두었다가 음식이 떨어졌을 때 먹을 수 있다.

2. 예시 답안

케이크를 정의로운 방법으로 나누려면, 집안 형편이 어려워 케이크를 자주 먹을 수 없는 사람에게 몫을 더 줘야 한다.

♣72쪽

3. 예시 답안

시험을 통해 공무원을 뽑으면 시험을 보고 싶은 사람은 누구나 기회를 얻을 수 있다. 이때 가정 형편 때문에 일을 하느라 제대로 시험을 준비하지 못하는 사람들을 배려하려면 복지 제도를 만들어 장학금을 주거나 생활비를 지원하면 출발선을 같게 해 줄 수 있다.

4. 예시 답안

사회적 약자를 배려하는 일이 불공평하다고 반대하는 사람들이 있어요. 하지만 사회적 약자에 관한 문제에서는 공평함보다 공정함이 더 중요하지요. 사회적 약자도 다른 사람들과 똑같은 출발선에서 경쟁할 수 있어야 공정한 사회가 될 수 있고, 그렇게 하려면 사회적 약자를 배려할 필요가 있지요. 그리고 사회적 약자가 어려울 때 도움을 받으면, 형편이 나아졌을 때 다른 사람을 돕게 돼요. 이렇게 구성원들끼리 서로 돕고 살면 공정하고 살기 좋은 사회가 된답니다.

♣73쪽

5. 예시 답안

	장점	단점
능력	한식 조리사 자격증이 있어 김치 맛을 내는 데 큰 도움을 준 사람이 김치를 더 많이 가져갈 수 있다.	김치를 맛있게 담글 능력이 없는 사람은 필요한 만큼 김치를 가져갈 수 없다.

131

초등학생 문해독서 중급 4호 답안과 풀이

업적	김치를 많이 담근 사람이 자기가 담근 양만큼 가져갈 수 있다.	김치를 많이 담그지 못한 사람은 필요한 만큼 김치를 가져갈 수 없다.
필요	누구나 필요한 만큼 김치를 가져갈 수 있다.	김치를 맛있게 담그거나 김치를 많이 담근 사람이 불만을 갖게 된다.
공정하게 나누는 방법		
김치를 나눌 때에는 회의를 거쳐서 정해야 한다. 이때 아프거나 나이가 많아서 참여하지 못한 사람은 없는지, 가난해서 재료를 구입하지는 못했는지 등을 살펴야 한다. 또 가족이 없거나 필요할 때는 언제든지 사서 먹을 능력이 되는 사람이 많이 가져갈 이유는 없다. 나중에 김치가 남아서 버릴 수도 있기 때문이다.		

♣74쪽

6. 예시 답안

계층 이동의 사다리가 끊긴 채 그대로 놔두면, 부자는 계속 부자로 살고 가난한 사람은 계속 가난하게 살 수밖에 없다. 능력만큼 대접하는 건 좋지만, 부자의 자녀는 그 능력을 쉽게 기를 수 있다는 데 문제가 있다. 끊어진 사다리를 이으려면 국가에서는 복지 제도를 충분히 갖춰야 한다. 특히 사회적 약자들에게 다양한 교육 기회를 제공해야 한다. 계층 상승의 사다리 역할을 하는 것이 교육이기 때문이다.

♣75쪽

7. 예시 답안

온라인 수업 때문에 부자 학생과 가난한 학생 사이의 교육 격차가 벌어지고 있다. 학생들이 온라인 수업만 받으면 학습 내용을 이해하기 어렵다. 그런데 이때 부자 학생은 필요한 사교육을 받을 수 있지만, 가난한 학생은 사교육을 받을 수 없어 모르는 것을 질문할 곳이 없기 때문이다. 내가 교육부 장관이라면, 이러한 교육 격차를 없애기 위해 교육 방송이나 인터넷 강의 등 교사의 일방적인 수업보다 학생들의 질문도 받고, 질문에 따른 보충 설명도 가능한 쌍방향 수업을 하게 만들 것이다. 그러기 위해서는 가난한 학생들이 선생님을 보고 질문할 수 있는 기기와 시스템을 제공할 것이다.

08. 『모두 웃는 장례식』

♣81쪽

1. 예시 답안

부모는 자식들이 사이좋게 지낼 때 행복하다. 그러나 윤서네 엄마와 아빠는 마음이 맞지 않아 중국에서 따로 산다. 큰아빠네 가족이나 작은 아빠네 가족과도 친하지 않다. 윤서의 할머니는 죽기 전에 자식들이 화해하는 모습을 보고 싶었기 때문에 다가오는 자신의 생일에 생전 장례식을 치르자고 했다.

2. 예시 답안

아빠	형, 어머니가 생전 장례식을 하고 싶으시대. 병원에서 이제 사실 날이 얼마 남지 않았다고 하니까 형이 많이 보고 싶으신가 봐. 형도 미국에서 생활이 있으니 한국에 다녀가는 일이 쉽지 않다는 거 잘 알아. 그래도 시간 좀 내서 한국에 나오면 어머니가 정말 기뻐하실 것 같은데, 한국에 올 수 있어? 바쁘더라도 어머니가 원하시는 거니까 시간 좀 내서 나오면 좋을 것 같아. 부탁할게.
큰아빠	네가 그동안 어머니 모시느라 수고가 많았어. 그 점 고맙게 생각해. 그리고 나 혼자 잘살겠다고 미국에 온 것 같아 정말 미안해. 미국에 온 뒤로는 한국에 자주 나가지도 못하고, 너한테만 어머니를 맡긴 것 같아 마음의 부담이 컸어. 그리고 어머니가 많이 편찮다고 하니 나도 당연히 한국에 가 봐야지. 되도록 빨리 갈 수 있도록 알아볼게. 그리고 어머니한테 전화 드리도록 할게.

♣82쪽

3. 예시 답안

할머니의 생전 장례식을 치르는 문제는 모든 가족에게 매우 중요한 일이다. 따라서 가족 회의를 할 때 아이들도 참석시켜 어떻게 하면 할머니의 생전 장례식을 잘 치를 수 있을지 의견을 내도록 해야 한다. 그런데 작은아빠처럼 자식들이 어리다는 이유로 데려오지 않으면, 아이들의 불만이 쌓인다. 어른들이 가족 회의에서 결정한 대로 따라야 하기 때문이다. 이렇게 되면 나중에 아이들이 자라서 어른이 되어도 아이들의 의견을 듣지 않는 방식으로 의사 결정을 할 수 있다.

4. 예시 답안

윤서 할머니의 생전 장례식에 초대합니다

▶시간 : ○○○○년 ○○월 ○○일 ○요일 ○○시
▶장소 : 다림동 '작은 책방 책벌레' 앞마당

안녕하세요. 저는 평생 시장에서 한복 장사를 하며 살아오신 이춘미 할머니의 손녀 차윤서입니다. 지금 저희 할머니는 많이 편찮으신데, 얼마 전 병원에서 시간이 얼마 남지 않았다는 말씀을 들었습니다. 그래서 할머니의 바람대로, 이번 할머니의 생신에 생전 장례식을 치르게 되었습니다. 이춘미 할머니를 아시는 분들은 바쁘시더라도 꼭 참석하셔서 할머니와 행복한 시간을 보내 주시면, 할머니께서 많이 행복하실 것입니다. 꼭 오셔서 함께해 주시길 부탁드립니다.

○○○○년 ○○월 ○○일
윤서 올림

초등학생 문해독서 중급 4호 답안과 풀이

♣83쪽
5. 예시 답안

준비할 영상 (3가지)	할머니가 어린 윤서를 씻기는 장면, 할머니와 윤서가 어린이집 소풍에 가서 함께 찍은 사진, 윤서가 할머니와 집에서 놀며 재롱을 떠는 사진 등.
편지글	사랑하는 할머니께 할머니, 지금까지 저를 키워 주시고 사랑해 주셔서 정말 감사합니다. 할머니 기억하시죠? 제가 어린이집 다닐 때 아침마다 밥을 먹여 주시고, 씻겨 주시고, 머리를 땋아 주시던 일을. 할머니의 머리 땋는 솜씨는 정말 최고였어요. 친구들이 많이 부러워했거든요. 소풍을 갈 때도 할머니께서 자리를 함께해 주셨죠. 그러니 할머니, 제가 외롭지 않고 이만큼 자란 것은 모두 할머니 덕분이에요. 정말 감사합니다. 앞으로는 제가 할머니의 얼굴을 씻겨 드릴게요. 밥도 먹여 드리고요. 또 할머니 머리도 빗겨 드릴게요. 그러니 할머니 오래오래 사세요. 저랑 행복한 추억 많이 만들면서요. 윤서 올림

♣84쪽
6. 예시 답안

확대 가족 제도의 장점	
어른들과 함께 생활하면서 예절이 몸에 밴다. 여럿이 함께 살기 때문에 다른 사람을 배려하는 마음가짐과 양보하고 협동하는 마음가짐을 배울 수 있다. 이익이나 의견이 충돌할 때 갈등을 조정하는 방법도 익힐 수 있다.	
따라서 나는 부모님을 모시고 살겠다. 나를 낳고 길러 주신 분이기 때문에 은혜를 갚아야 도리라 생각한다. 또 부모님께서 나이가 드시면 자식의 도움이 필요할 때가 많다. 부모님을 모시고 살면 언제든지 도움을 드릴 수 있다. 또 자식들도 그런 모습을 보고 자라면 효도할 가능성이 크다.	하지만 나는 부모님을 모시지 못하겠다. 아무리 나를 낳고 길러 주신 분이라도 성인이 되면 따로 사는 편이 좋다. 같이 살면 서로의 생활에 간섭을 하게 돼 마음을 상하게 할 수 있다. 따라서 함께 살기보다는 따로 살면서 자주 찾아뵙고 효도하는 쪽이 서로 편하다.

♣85쪽
7. 예시 답안

우리 가족은 서로에게 느낀 불만이 있으면 짜증을 섞어 말한다. 그래서 걸핏하면 서로의 기분을 상하게 만든다. 마음에 들지 않는 일이 있더라도 조금은 참았다가 말하든지 부드러운 말투로 하면 좋은데, 그렇게 하지를 못한다. 가족이라고 편하게만 생각하고, 조심하지 않기 때문일 것이다. 가족의 관계를 개선하려면 말하기에 앞서 자기 말이 상대의 기분을 상하게 하지는 않을지 생각해 보고 나서 말을 하는 버릇을 들여야 한다. 또 상대에게 도울 일은 없는지 물어보는 것도 좋은 방법이다. 이렇게 하면 가족들끼리 서로의 마음을 터놓을 수 있고, 서로를 의지하게 되어 사이가 좋아진다.

09. 『기억을 파는 향기 가게』

♣91쪽
1. 예시 답안

기억은 사람을 구분하는 기준이 된다. 사람마다 경험에서 얻은 기억이 다르기 때문에 자신의 존재를 증명할 수 있다. 사람은 좋든 나쁘든 기억을 통해 자기를 확인하며 성장하고 행복하게 살 수 있다. 또 기억은 지식과 경험을 나누는 역할도 한다. 기억이 없으면 인류의 문명 발전도 없었을 것이다.

2. 예시 답안

이 책에서 향기는 사람과 사람을 이어 주는 역할을 한다. 예를 들어 수향이 할머니에게 향기는 할머니의 엄마와 고향을 만나도록 돕는다. (라)에서 K향기에 찾아온 아내를 하늘나라로 보낸 아저씨에게는 향기로라도 아내를 만날 수 있도록 돕는다. 또 그 아저씨의 딸에게는 엄마를 만나게 하는 역할을 한다.

♣92쪽
3. 예시 답안

치매에 걸리면 가족도 모르고, 자신이 누구인지도 모른다. 그래서 치매 환자는 외출했다가 실종되는 사례도 적지 않다. 이렇게 되면 치매 환자의 가족은 사라진 환자를 찾느라 정상적인 생활을 할 수 없다. 또 치매 환자는 가족을 몰라보고 판단력까지 약해져 집안을 어지르거나 말을 함부로 하는데, 이런 문제로도 가족이 힘들어진다.

4. 예시 답안

치매 환자는 보통 5년 이상 생존하는데, 스스로 생활하기 어렵다. 더구나 근본적인 치료가 어려우며, 시간이 갈수록 악화된다. 따라서 치료에 돈도 많이 들고, 누군가 옆에서 지속적으로 돌봐야 한다. 가족 중에 치매 환자가 있으면 정신적·육체적으로도 스트레스를 받아 가족 전체가 여러 가지로 문제가 생길 수 있다. 심하면 환자를 학대하기도 한다. 우리나라는 인구 고령화에 따라 치매 환자가 계속 늘어날 것으로 전망되는데, 환자의 돌봄을 가정에 맡겨 두면 간병을 하느라 사회 전체의 생산성도 떨어지게 된다. 돌봄 인력을 파견할 경우 일자리도 창출된다. 따라서 국가가 치료비와 돌봄 인력 파견 등을 모두 지원해야 한다.

♣93쪽
5. 예시 답안

▶약속을 지켜 달라고 요구한다 : 내가 (마)의 밑줄 친 부분과 같은 상황이라면, 먼저 아저씨에게 약속을 지켜 달라고 할 것이다. 그렇지 않으면 일한 만큼 돈을 달라고 요구할 것이다. S아저씨의 말만 듣고 레시피 노트를 훔치면 법에 어긋나는 일이기 때문이다. 또 K아저씨의 향기 비법을 경쟁자에게 넘기면 K아저씨는 망할 수 있다. 그렇게 되면 내가 나중에 양심에 가책을 받아 불행한 삶을 살 수도 있기 때

문이다.
▶K아저씨의 향기 레시피를 S아저씨에게 넘길 것이다 : 내가 (마)의 밑줄 친 부분과 같은 상황이라면, K아저씨의 향기 레시피를 S아저씨에게 넘길 것이다. 3개월이면 짧은 시간이 아니다. 언제까지 해 주겠다는 약속을 정한 것도 아니기 때문에 무작정 K아저씨만 믿고 기다리면 할머니의 병이 더 악화될지도 모른다. 그리고 아르바이트 대가도 받지 않고 일하는데, 더 기다렸다가 K아저씨가 향기를 만들지 못하겠다고 하면 대책이 없다.

♣94쪽
6. 예시 답안
　수향이네 가족은 치매에 걸린 할머니를 모시고 산다. 그리고 수향이를 포함해 가족 모두 치매를 낫게 하려고 할머니에게 도움이 되는 일을 하기 위해 노력한다. 수향이는 할머니에게 향기를 선물하고 싶지만 값이 비싸서 향기 가게에서 일을 한다. 가족은 이처럼 특히 어려울 때 함께하는 사이여야 한다. 그래서 가족끼리는 서로 배려하고 사랑하며 살아야 한다.

♣95쪽
7. 예시 답안
　치매 환자가 가족과 함께 가정에서 생활하면서 치료를 받으면 안정감이 커져 치매의 진행 속도를 늦출 수 있다. 또 가정에서 가족과 함께 지내며 삶을 정리할 시간을 가질 수 있다. 그런데 치매 환자를 가정에서 돌보려면 치료와 간병에 드는 수고와 비용 때문에 가족 모두 정신적으로나 물질적인 부담이 커진다. 특히 치매 환자의 가족은 '보이지 않는 제2의 환자'라고 불릴 만큼 간병을 하면서 여러 가지로 고통을 당한다. 따라서 나라에서 치매 환자의 돌봄 서비스를 확대하고, 의사의 상담 치료에 드는 비용을 지원해야 한다. 가족들은 환자가 난폭하거나 귀찮게 한다고 학대하지 말고 정성을 다해 보살펴야 한다.

10. 『별주부전』

♣101쪽
1. 예시 답안
　(가)에서 광리왕은 궁궐을 짓고, 잔치를 벌이며 놀다가 병이 들었다. 광리왕이 궁궐을 짓고 병이 나도록 놀았다는 것은 백성을 돌보지 않고, 나랏돈을 함부로 썼음을 알 수 있다. 관리들도 왕의 문제점을 지적하지 않았다. 따라서 지은이는 당시 왕과 관리들이 백성을 외면한 채 세금을 흥청망청 쓰면서 나랏일을 제대로 돌보지 않았음을 비판하고 싶었을 것이다.
2. 예시 답안
　광리왕은 신하들에게 자기 병을 고치기 위해 토끼를 구해 오면 자손 대대로 부귀영화를 누리게 해 주겠다고 약속했다. 광리왕이 나랏돈을 자기 돈으로 생각한 점이 잘못이다. 별주부는 자기 이익을 위해 다른 동물의 목숨을 희생시켜도 좋다고 생각한 점이 잘못이다.

♣102쪽
3. 예시 답안
　(다)에서 산짐승들은 포수가 나타났는데도 피할 궁리는 하지 않고, 누가 가장 어른인지만 따지고 있다. 외적이 나타나 위급한데도, 높은 관리들이 권력 다툼만 일삼는 모습이 나타나 있다. (라)에서 별주부는 토끼의 간을 빼앗기 위해 수궁에 가면 높은 벼슬을 하면서 벼슬아치들을 부릴 수 있다고 했다. 그리고 큰 집에 살면서 좋은 옷을 입고 좋은 음식을 배불리 먹을 수 있다고 토끼를 속였다. 따라서 백성은 관리들에게 속아 목숨까지 빼앗기는 등 괴롭힘을 당하고, 변변치 못한 집에 살면서 제대로 입거나 먹지도 못한 상태였음을 알 수 있다.
4. 예시 답안
　토끼가 별주부에게 속은 까닭은 우쭐하는 마음과 재물 욕심에 눈이 멀었기 때문이다. 내가 토끼라면, 높은 관리가 되어 편히 사는 대신 어떤 대가를 치러야 하는지 물을 것이다. 세상에는 공짜가 없기 때문이다.

♣103쪽
5. 예시 답안
　광리왕은 실패하고 돌아온 별주부를 칭찬해야 한다. 혼자 바깥세상으로 나가 자기 몸을 돌보지 않으면서 고생한 공을 인정해 원래 약속한 상도 준다. 신하들이 그 모습을 보면 자기도 상을 받고 칭찬을 듣고 싶어서 광리왕의 병을 치료하기 위해 적극적으로 움직일 것이다. 또 다른 문제가 생겼을 때도 관리들이 스스로 문제 해결에 앞장서게 될 것이다.

♣104쪽
6. 예시 답안
　용왕님께 제 간을 드리려면 배를 갈라야 합니다. 그러면 저는 목숨을 잃습니다. 용왕님의 목숨이 소중한 것처럼, 제 목숨도 소중합니다. 아무리 왕이라 해도 다른 이의 생명을 함부로 빼앗으면 죄를 짓는 일입니다. 그리고 제가 사는 산에는 병을 고칠 수 있는 온갖 약초가 많습니다. 제 간이 용왕님의 병을 고치는 약이라고 알려진 것도, 제가 좋은 약초를 많이 먹고 살기 때문입니다. 그러니 신하들과 함께 바깥세상으로 나가 용왕님의 병을 치료할 약초를 구해 오도록 허락해 주십시오. 이대로 저의 간을 드시고 병이 낫는다 해도, 나중에 같은 병에 걸리면 다른 토끼를 구해야 합니다. 제가 바깥세상으로 돌아가지 않는다면 어떤 토끼가 다시 거짓말에 속아 수궁으로 오겠습니까. 그러면 용왕님은 병을 다시 고치지 못할 것입니다.

♣105쪽
7. 예시 답안
　별주부전의 광리왕은 자기가 사는 궁궐을 짓고 잔치를 벌이는 데 세금을 함부로 쓰고 백성을 제대로 돌보지 않았다. 이런 지도자를 뽑으면 백성은 고통스럽고 나라의 살림은 더욱 어려워진다. 국민이 행복하고 안전한 나라를 만들려면, 세종대왕처럼 항상 백성을 돌보려는 지도자를 뽑아야 한다. 세종대왕은 큰비가 내리면 물난리가 날 가능성이 있는 곳을 빨리 점검해 대비했다. 그리고 겨울에 갑자기 날씨가 따뜻해지면 강의 나루터마다 얼음을 깨라고 지시했다. 얼음이 얇아져 사람이 빠질까 염려했기 때문이다. 또 흉년이 든 지방의 수령에게는 중앙 정부의 허락을 받지 않고도 구휼미를 즉시 사용할 수 있도록 했다. 중앙 정부의 허락을 기다리다가는 백성의 배고픈 고통이 더 커지기 때문이다.

11. 『조커 학교 가기 싫을 때 쓰는 카드』

♣111쪽
1. 예시 답안
　　노엘 선생님은 아이들이 조커를 사용하면서 자신을 돌아보는 여유와 살아가는 데 필요한 지혜를 얻기를 바랐을 것이다. 자신과 주변을 돌아볼 수 있다면 힘든 일을 겪더라도 이겨 낼 힘을 얻을 수 있다. 그리고 어려운 가운데서도 보람을 얻으며 행복하게 살 수 있을 것이다.
2. 예시 답안
　　내면적으로 성장할 수 있는 기회를 놓치기 때문이다. 조커는 카드 놀이에서 궁지에 빠졌을 때나 더 큰 이익을 원할 때 사용한다. 조커를 쓰면 다양한 경험을 하면서 내면적으로 성장할 수 있다. 베랑제르처럼 조커를 사용하지 않으면 그러한 경험을 할 수 없게 된다.

♣112쪽
3. 예시 답안
　　자신에게 주어진 조커를 사용할 때에는 타인에 대한 이해심을 가져야 한다. 로랑은 '수업 시간에 춤추고 싶을 때 쓰는 조커'를 썼는데, 때마침 교장 선생님이 교실에 들렀다가 화가 나서 노엘 선생님을 교장실로 불렀다. 이렇게 시간과 장소를 생각하지 않고 마음대로 조커를 사용하면 다른 사람에게 피해를 줄 수 있다. 따라서 조커를 사용할 때는 다른 사람에게 피해를 주는 것은 아닌지 생각해야 한다. 예를 들어, '노래를 부르고 싶을 때 부르는 조커'를 쓸 때는 다른 사람에게 방해가 되면 안 된다. 이 밖에도 당당하게 살 수 있는 실력과 자존감을 갖추도록 노력해야 한다. 그리고 자신이 진심으로 무엇을 원하는지, 어떤 조커를 만들면 자기를 더 발전시킬 수 있을지 고민해야 한다.
4. 예시 답안
　　지금 나에게 필요한 조커는 '오늘 할 일을 내일로 미루지 않는 조커'이다. 이 조커를 사용하면 내일은 친구들과 놀 수 있고, 새로운 일을 할 수도 있기 때문이다. 그러면 나에게는 친구들과 더 좋은 관계를 맺는 변화가 생기거나, 미래를 위해 유익한 일을 할 수 있는 변화가 일어나게 된다.

♣113쪽
5. 예시 답안
　　노엘 선생님이 생각하는 진짜 공부는 인생에서 정말 필요한 것을 배우는 것이다. 인생에서 정말 필요한 것은 다양한 경험을 통한 깨달음이라고 생각했다. '자신을 기쁘게 하고 싶을 때 쓰는 조커'와 '사람들을 돕고 싶을 때 쓰는 조커', '살기 위한 조커', '책 읽는 법을 배우기 위한 조커' 등은 모두 다양한 경험을 통한 깨달음에 필요한 것이다. 노엘 선생님은 지식 공부를 강요하지 않는다. 그래서 아이들에게 성적에 얽매이지 않고 창의적이고 자유로운 교육을 실시한다. 선생님은 그런 교육 방법을 '선물을 준다'고 표현한다. 노엘 선생님의 반 아이들은 다양한 인생 수업을 통해 삶이 호락호락하지 않으며, 인내심이 많이 필요하다는 사실을 배운다. 인내심이야말로 험난한 세상을 살 때 필요한 능력이기 때문이다.

♣114쪽
6. 예시 답안

선물할 사람	①부모님
	②동생
	③친구 이행복
선물할 조커	①청소를 깨끗이 하는 조커
	②놀아 달라고 말하고 싶을 때 쓰는 조커
	③어려운 부탁을 들어 주는 조커
조커의 기능	①내가 스마트폰이나 텔레비전을 보고 있을 때 어디든 청소를 해 달라고 하면 해 주는 기능이 있다.
	②동생이 심심할 때, 내가 다른 일을 하고 있지 않는 한 함께 놀이터에 나가 놀아 주는 기능이 있다.
	③평소 말하기 어려웠던 부탁을 할 때 들어 주는 기능이 있다.

♣115쪽
7. 예시 답안
　　우리나라 어린이가 느끼는 삶의 만족도가 경제협력개발기구 38개 회원국 가운데 36위로 나타났다. 이런 결과가 나온 이유는 과거보다 물질적으로는 풍요롭지만 적절한 휴식과 놀이, 사회적 관계 형성 기회를 보장 받지 못하기 때문이다. 삶의 만족도를 느끼려면 물질적인 풍요로움도 필요하지만 잘 놀면서 다른 사람들과 좋은 관계를 맺는 것이 더 중요하다. 우리나라 어린이들이 행복감을 느끼려면 삶의 만족도가 높아져야 한다. 그러려면 '친구와 놀이터에 나가서 노는 조커', '부모님과 함께 즐거운 시간을 보낼 수 있는 조커', '노래 부르기와 악기 연주, 만화 그리기 등 내가 배우고 싶은 것은 마음대로 선택할 수 있는 조커', '자기가 할 일을 스스로 선택하고 책임지는 조커' 등을 써야 한다.

12. 『아름다운 아이 줄리안 이야기』

♣121쪽
1. 예시 답안
　　나는 공포 영화를 보는 듯한 두려움 때문에 어기 풀먼에게 친절하게 대할 수 없었습니다. 다섯 살 적에 TV에 나온 영화 광고에서 갑자

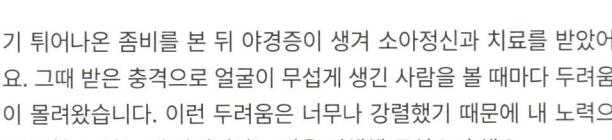

기 튀어나온 좀비를 본 뒤 야경증이 생겨 소아정신과 치료를 받았어요. 그때 받은 충격으로 얼굴이 무섭게 생긴 사람을 볼 때마다 두려움이 몰려왔습니다. 이런 두려움은 너무나 강렬했기 때문에 내 노력으로 고칠 수 있는 게 아니었다는 점을 이해해 주셨으면 해요.

2. 예시 답안

어기 풀먼! 비처사립학교에 온 걸 환영해. 그동안 수술 때문에 학교를 다니지 못했다는 이야기를 들었어. 조금 늦은 시기에 시작하는 너의 학교 생활이 즐거웠으면 좋겠어. 그렇게 되도록 내가 열심히 도울 테니, 도움이 필요하면 언제든지 말해 주렴.

♣122쪽
3. 예시 답안

얼굴이 기형이라서 보기에 불편하다고 학교에 다니지 못하게 한다면, 그 학생은 교육을 받을 기회가 사라집니다. 그래서 자기 재능을 살릴 수 없고, 사회적으로 자기 역할을 못해 누군가에게 기대어 살 수밖에 없습니다. 사회 전체적으로도 생산성이 떨어져 손해가 됩니다. 무엇보다 장애인의 인권을 침해하고 행복을 추구할 수 있는 권리를 빼앗는 문제가 생깁니다. 줄리안 어머니, 학생이라면 누구나 교육 받을 권리가 있습니다. 장애가 있다고 학교에서 학생을 받아주지 않는다면 장애인의 권리를 빼앗게 됩니다. 선천적 장애인보다 후천적 장애인이 훨씬 많습니다. 지금은 장애가 없지만 나중에 사고 때문에 누구나 장애인이 될 수 있다는 말입니다. 그러니 학교에 다니기를 바라는 어기 풀먼과 그 부모님의 마음을 헤아려 주세요.

4. 예시 답안

얀센 박사님이 말한 넘지 말아야 할 선이란 안면 기형처럼 자기 노력으로 고칠 수 없는 신체적 약점을 가지고 놀리거나 따돌리는 행위를 해서는 안 된다는 점을 말한다. 이런 행위는 성별, 장애, 나이, 출신 지역 등을 이유로 개인 또는 집단을 모욕하거나 하찮게 보는 혐오 표현에 해당한다. 혐오 표현은 헌법에 보장된 인간의 존엄과 가치를 훼손하는 행위이다. 정학은 잘못을 처벌하기 위해 내린 벌칙이 아니다. 학생이 정학 기간에 무엇을 잘못했는지 반성하고, 스스로 잘못을 교정하도록 또 다른 배움의 기회를 준 것이다. 잘못된 행동을 금지한 교칙의 준수의 중요성을 깨닫게 하려는 목적도 있다.

♣123쪽
5. 예시 답안

> 줄리안에게
> 너의 편지를 잘 읽었어. 자신의 잘못을 사과하기란 정말 어려운 일인데, 용기를 내 줘서 고마워. 진심으로 사과해 주었으니 너와 친구가 되지 못할 이유가 없어. 눈에 보이는 겉모습보다 보이지 않는 마음이 더 소중하다고 생각해. 우리가 서로에게 친절한 마음을 갖고 우정을 쌓아 나갈 수 있으면 좋겠어. 그러면 일흔 살이 되었을 때 네가 정말 좋은 친구였다는 사실을 기억하게 될 거야.
> 어기 풀먼으로부터

♣124쪽
6. 예시 답안

헨리는 줄리안과 같은 패거리이기 때문에 줄리안이 잭에게 잘못을 저질렀는데도 사실을 알리지 않았다. 줄리안이 하자는 대로 하지 않으면 배신자로 낙인찍혀 줄리안의 패거리에게 따돌림을 당할까 봐 두려웠을 것이다. 그래서 잭을 따돌리자는 줄리안의 말에 거절하지 못한 것이다. 헨리가 이 상황을 바로잡으려면 줄리안에게 잭을 따돌리는 것이 잘못된 행동이므로 들어주지 않겠다고 하면 된다. 또 잭이 줄리안이 한 일을 아냐고 물었을 때 사실대로 말해 주면 된다. 그래도 줄리안이 마음을 바꾸지 않는다면, 선생님께 말씀드려 상황을 바로잡아야 한다.

♣125쪽
7. 예시 답안

학교 생활을 행복하고 보람 있게 하려면 학생들이 따돌리고 경쟁만 하기보다 서로에게 친절을 베푸는 것이 더 중요하다. 따돌리고 경쟁하는 행위는 남보다 잘살겠다는 욕망을 갖고 있기 때문이다. 하지만 사람은 혼자서 살 수 없는 연약한 존재이다. 그리고 그 연약함을 창피하게 생각할 것이 아니라 인간다운 것임을 알아야 한다. 또 도움을 주기만 하는 사람도 없고, 도움을 받기만 하는 사람도 없다. 이 사실을 인정하고 친구들에게 베풀면서 살면 내가 베푼 친절을 받은 사람은 또 다른 친구들에게 친절을 베풀게 된다. 그렇게 되면 내가 누군가의 도움이 필요할 때 언제든지 도움을 받을 수 있는 분위기가 만들어진다. 이런 '친절 전염병'이 계속 퍼지면 학생들은 학교 생활에서 더욱 큰 행복을 느낄 것이다.